SCHWEDEN

INSIDER-TIPP
Deine Abkürzung ins Erleben!

Reisen mit MARCO POLO Insider-Tipps

MARCO POLO TOP-HIGHLIGHTS

VASAMUSEET ★1

Das vor fast 400 Jahren gesunkene Kriegsschiff Vasa nimmt dir in diesem großartigen Museum den Atem.

📷 *Tipp: Von der obersten Ebene siehst du von der Galerie am Heck das ganze Schiff*

➤ S. 45, Stockholm

STOCKHOLMER SCHÄREN ★2

Tausende von Felsinseln sind vor den Toren der Hauptstadt in der Ostsee verstreut. (Foto)

📷 *Tipp: Beim Batteriparken in Vaxholm hast du Panoramablick und Holzhaus-Idylle in einem*

➤ S. 52, Stockholm

GOTLAND ★3

Die größte Ostseeinsel lockt mit mildem Klima, dem mittelalterlichen Visby und bizarren Felsen.

📷 *Tipp: Der kilometerlange Sandstrand Norsta Aurar auf Fårö ist oft menschenleer*

➤ S. 67, Der Süden

GLASRIKET ★4

Seit Jahrhunderten zaubern in der Gegend um Växjö Glasbläser Vasen, Schüsseln und vieles mehr.

➤ S. 66, Der Süden

GÖTAKANAL ★5

58 Schleusen auf 190 Kilometern – ein technisches Wunderwerk aus dem 19. Jahrhundert.

➤ S.94, Mittelschweden

FALUN ★6

Steig hinab ins Reich der Kupfergrube, die einst den Grundstein zu Schwedens Reichtum legte.

➤ S. 106, Der mittlere Norden

CARL LARSSON GÅRDEN 7

Bezauberndes Plätzchen in Sundborn: Hier lebten einst der Maler Carl Larsson und seine Frau.

➤ S. 107, Der mittlere Norden

HÖGA KUSTEN 8

Phantastische Ausblicke auf Meer und Berge!

📷 *Tipp: Die 200 m lange, 30 m tiefe und nur 7 m breite Schlucht Slåttdalsskrevan im Skuleskogen.*

➤ S.111, Der mittlere Norden

KIRUNA 9

Um an die Eisenerzschätze unter der Stadt heranzukommen, wird Kiruna verlegt – ein Umzug der besonderen Art.

➤ S. 124, Der Norden

ABISKO-NATIONALPARK 10

Nordschein oder Mitternachtssonne – zu jeder Jahreszeit betörende Natur im hohen Norden.

📷 *Tipp: Investiere unbedingt in ein Stativ, wenn du das Lichtphänomen gut einfangen möchtest*

➤ S. 125, Der Norden

INHALT

36 DIE REGIONEN IM ÜBERBLICK

38 STOCKHOLM
52 Rund um Stockholm

54 DER SÜDEN
58 Malmö 61 Rund um Malmö 64 Karlskrona 65 Rund um Karlskrona 67 Gotland

70 DIE WESTKÜSTE
74 Halmstad 74 Rund um Halmstad 75 Varberg 77 Rund um Varberg 78 Göteborg 82 Rund um Göteborg

84 MITTELSCHWEDEN
88 Karlstad 90 Rund um Karlstad 93 Örebro 94 Rund um Örebro 96 Uppsala 100 Rund um Uppsala

102 DER MITTLERE NORDEN
106 Falun 107 Rund um Falun 109 Sundsvall 111 Höga Kusten 112 Östersund 114 Rund um Östersund

116 DER NORDEN
120 Umeå 120 Rund um Umeå 121 Luleå 122 Rund um Luleå 124 Kiruna 125 Rund um Kiruna

MARCO POLO TOP-HIGHLIGHTS

2 Die 10 besten Highlights

DAS BESTE ZUERST

8 ... bei Regen
9 ... Low-Budget
10 ... mit Kindern
11 ... typisch

SO TICKT SCHWEDEN

14 Entdecke Schweden
17 Auf einen Blick
18 Schweden verstehen
21 Klischeekiste

ESSEN, SHOPPEN, SPORT

26 Essen & Trinken
30 Shoppen & Stöbern
32 Sport

MARCO POLO REGIONEN

36 ... im Überblick

ERLEBNISTOUREN

128 Der Götakanal mit Rad und Schiff
132 Zu Fuß durchs Göteborger Hinterland
135 An der Ostseeküste Nordschwedens

GUT ZU WISSEN

140 **DIE BASICS FÜR DEINEN URLAUB**
Ankommen, Weiterkommen, Im Urlaub, Feste & Events, Notfälle, Wettertabelle

148 **SPICKZETTEL SCHWEDISCH**
Nie mehr sprachlos

150 **URLAUBSFEELING**
Bücher, Filme, Musik & Blogs

152 **TRAVEL PURSUIT**
Das MARCO POLO Urlaubsquiz

154 **REGISTER & IMPRESSUM**

156 **BLOSS NICHT!**
Fettnäpfchen und Reinfälle vermeiden

Besuch planen
€-€€€ Preiskategorien
(*) Kostenpflichtige Telefonnummer
Essen/Trinken
Shoppen
Ausgehen
Top-Strände

(A2) Herausnehmbare Faltkarte
(a2) Zusatzkarte auf der Faltkarte
(0) Außerhalb des Faltkartenausschnitts

BESSER PLANEN MEHR ERLEBEN!

Digitale Extras
go.marcopolo.de/app/swe

DAS BESTE ZUERST

Rote Holzhäuser und wundervolle Natur – willkommen in Schweden!

BEST OF
BEI REGEN

SCHÖN, AUCH WENN ES REGNET

AUF DEN SPUREN DES UNGEHEUERS
Im jämtländischen See Storsjön soll die schwedische Nessie zu Hause sein. Das Seeungeheuer liebt dunkle Wolken, deshalb lohnt sich eine *Fahrt mit der S/S Östersund*, Schwedens ältestem Raddampfer, bei schlechtem Wetter besonders.
➤ S. 114, Der mittlere Norden

ZEIT FÜR DIE VASA
Juhu, es regnet! Endlich so viel Zeit, wie Schwedens beliebtestes Museum, das *Vasa-Museum* in Stockholm, verdient. Die Ausstellungen sind so abwechslungsreich, dass du locker mehrere Stunden dort verbringen kannst. Hungrig? Im Museums-Café gibt's richtig gutes Essen. (Foto)
➤ S. 45, Stockholm

ZU HAUSE BEI CARL LARSSON
Im idyllischen Sundborn liegt der *Sommersitz des Malers Carl Larsson*. Jedes Detail hier wurde von ihm entworfen und gestaltet. Hier siehst du live, was auf unzähligen Postkarten abgebildet ist.
➤ S. 107, Der mittlere Norden

TUCHOLSKY LÄSST GRÜSSEN
Im *Schloss Gripsholm* am See Mälaren schrieb Kurt Tucholsky einst seine Hommage an die Exilheimat. Das Schloss erreichst du im Sommer von Stockholm aus am bequemsten – und schönsten! – per Dampfer. Und das bei jedem Wetter!
➤ S. 53, Stockholm

REGENKLAMOTTEN SHOPPEN
Es gibt kein schlechtes Wetter, nur schlechte Kleidung. Das lernen kleine Schweden schon im Kindergarten, sie spielen bei Regen und Schnee draußen. Du kannst Outdoorkleidung z. B. in den Outlets von Fjällräven und Naturkompaniet in Örnsköldsvik kaufen.
➤ S. 112, Der mittlere Norden

BEST OF

LOW-BUDGET

FÜR DEN KLEINEN GELDBEUTEL

FEUERZAUBER IM GLASREICH
Die Glasbläserei hat in Schweden eine lange Tradition. Im småländischen Glasriket gibt es noch gut ein Dutzend Glashütten. Die Glasbläser dort lassen sich gern über die Schulter schauen – kostenlos, aus Liebe zu ihrem Handwerk.

➤ S. 66, Der Süden

ZEITREISE IN LINKÖPING
Dort, wo sich um 1600 der Kampf zwischen schwedischen Protestanten und Katholiken entschied, steht heute das älteste Museumsdorf des Königreichs: *Gamla Linköping*. Der Eintritt ist frei, und auch viele der angebotenen Aktivitäten sind kostenlos.

➤ S. 96, Mittelschweden

MIT DER STRASSENBAHN IN DIE SCHÄREN
Wer in Göteborg ein Straßenbahnticket hat, kann damit auf die Schäreninseln Bränno, Styrsö oder Vrångo fahren, ohne extra dafür zu bezahlen. Nimm ein Picknick mit und genieß den Ausflug auf die fast autofreien Inselchen!

➤ S. 81, Die Westküste

18 MUSEEN FOR FREE
Alle – egal, ob arm oder reich – sollen Zugang zu Kultur haben, fand die rot-grüne Regierung und führte 2016 den freien Eintritt in 18 staatliche Museen ein. Mit dabei ist das spannende Marinemuseum in Karlskrona.

➤ S. 64, Der Süden

LÄNGSTE KUNSTGALERIE DER WELT
Die meisten der mehr als 100 Stockholmer U-Bahnstationen sind mit Kunst verziert oder selbst unterirdische Kunstwerke. Mach eine Entdeckungstour in die künstlerische Unterwelt – zum Preis eines U-Bahn-Tickets! (Foto)

➤ S. 42, Stockholm

BEST OF MIT KINDERN

SPANNENDES FÜR GROSS & KLEIN

PIPPI LIVE UND IN FARBE
Nirgendwo wird die Welt von Astrid Lindgren so lebendig wie im Erlebnispark *Astrid Lindgrens Värld*. Dort gibt es die Villa Kunterbunt, den Hof Katthult und den Mattiswald. Michel, Ronja und Annika laufen herum. Und du kannst erleben, wie es ist, so klein wie Nils Karlsson-Däumling zu sein. (Foto)
➤ S. 67, Der Süden

GANZ SCHWEDEN AUF EINEM HÜGEL
Im Stockholmer Freilichtmuseum *Skansen* bekommst du garantiert Elche und Rentiere zu sehen. Zum Streicheln sind dennoch die Hasen, Meerschweinchen und Schlangen (!) im Kinderzoo besser geeignet. In den vielen historischen Häusern können große und kleine Besucher außerdem Glasbläsern, Bäckern und Schreinern bei der Arbeit zuschauen – oder ein Handwerk sogar selbst ausprobieren.
➤ S. 46, Stockholm

AUSFLUG ZU DEN WIKINGERN
Fahr mit der Gondel durch das Reich der Wikinger, und lass dir von Ragnfrid erzählen, wie ihr Mann auf Raubzug fährt. Wikingergeschichte hautnah gibt's im Stockholmer Erlebnismuseum *Vikingaliv*.
➤ S. 44, Stockholm

WISSENSCHAFT ZUM ANFASSEN
Entdecken, Spaß haben, lernen – im Göteborger *Universeum* geht das für jedes Alter, von 2 bis 100. Regenwald, Tiefsee oder doch lieber ins Computer-Lab? Die Auswahl ist (fast) unbegrenzt.
➤ S. 80, Die Westküste

RAUBTIERE DES NORDENS
Wölfe, Luchse, Bären, Vielfraße, aber auch sibirische Tiger und Schneeleoparden sind in Europas größtem Raubtierpark zu sehen. Im riesigen, naturbelassenen *Orsa Rovdjurspark* verschwindet das Zoogefühl schnell.
➤ S. 109, Der mittlere Norden

BEST OF

TYPISCH

DAS ERLEBST DU NUR HIER

SUPER BUFFET

Das schwedische *smörgåsbord* – bitte auf keinen Fall mit dem dänischen *smörrebröd* verwechseln! – ist ein Buffet. Auf dem Tisch: Hering und Lachs, Fleischklößchen und Rentierbraten, Moltebeeren, Holundersaft und vieles mehr. Eine Kostprobe bekommst du im *Sollidens Matsal* des Freilichtmuseums Skansen.

➤ S. 46, Stockholm

WIE BEI RONJA RÄUBERTOCHTER

Erst wanderst du bergauf durch einen Märchenwald, später liegt dir das Meer zu Füßen. Der Nationalpark *Skuleskogen* an der Höga Kusten verzaubert seine Besucher.

➤ S. 111, Der mittlere Norden

ZEITMASCHINE

Die Altstadt von *Visby* bietet – nicht nur während der Mittelaltertage im August – hübsche Einblicke in längst vergangene Zeiten. Hier lebt das Mittelalter bis heute weiter, auf Plätzen, in Restaurants und Museen. (Foto)

➤ S. 68, Der Süden

ROTE TRADITION

Woher kommt die Farbe, in der so viele Holzhäuser in Schweden gestrichen sind? Die Antwort findest du in Falun: Dort siehst du in der *Fabrik*, wie das Rot hergestellt wird, das schon seit Jahrhunderten aufs Holz kommt.

➤ S. 106, Der mittlere Norden

ALLES AUS EIS

So was gibt's nur ganz weit im Norden: Blankes Fluss-Eis wird in Schweden seit einigen Jahren für den Bau von Hotels, Kirchen, Bars und Restaurants eingesetzt. Damit entstehen immer wieder neue, wenn auch vergängliche Sehenswürdigkeiten, etwa im *Ishotellet* in Jukkasjärvi. Dort kannst du ausprobieren, wie es sich anfühlt, mitten im Eis zu schlafen.

➤ S. 125, Der Norden

SO TICKT SCHWEDEN

Wo noch nicht mal der Postbote stört: Ferien am Meer!

PL. 276 ÖLAND
Horn
kustväg 3
380 74 Löttorp

ENTDECKE SCHWEDEN

Kaum zeigt sich die Sonne, strömen die Schweden hinaus – in die Natur oder ins Café

Wahrscheinlich kennst du Schweden aus der Kindheit. Astrid Lindgren sei Dank. Später kamen die Schweden-Krimis hinzu: Henning Mankell, Stieg Larsson, Camilla Läckberg. Bullerbü und Lisbeth Salander – es sind genau diese Kontraste, die das Land im Norden ausmachen.

GESTERN UND HEUTE

Dunkle Winter, Schwermut und Melancholie auf der einen, Mitternachtssonne, Offenheit und Lebensfreude auf der anderen Seite. Beides charakterisiert Schweden. Gleichzeitig verbindet das Land das Beste von gestern mit dem Besten von morgen: Intakte Landschaften, gemütliche Kleinstädte, unberührte Gewässer, endlose Wälder treffen auf Hightech, innovative Kulturschaffende, eine erstklassige Infrastruktur und aufgeschlossene Menschen.

Um 10 000 v. Chr. Die Eiszeit endet. Erste Besiedelung

1500 v. Chr. Bronzezeit. Felszeichnungen entstehen

800–1000 n. Chr. Wikingerzeit.

1000–1350 Schweden wird christlich

1300–1600 Hansezeit mit blühendem Ostseehandel

1630–1721 Schweden ist europäische Großmacht.

1810 Jean Baptiste Bernadotte wird schwedischer König

DAS PRINZIP LAGOM

Nach wie vor hält die schwedische Gesellschaft an einem Gleichheitsideal fest, das andere Nationen längst aufgegeben haben. Doch parallel dazu erfreut sich die Monarchie, allen voran Kronprinzessin Victoria, erstaunlicher Popularität. Solidarität mit Schlechtergestellten scheint fester Bestandteil der schwedischen DNA zu sein – genauso wie ein ausgeprägter Team- und Gruppengeist. Hier gilt das Prinzip des *lagom*, ein unübersetzbares Wort, das im Grunde genommen besagt, dass es stets die beste Lösung ist, nicht aufzufallen. Schweden scheuen zudem Konfrontationen und mögen es gar nicht, wenn jemand seinen Reichtum zur Schau trägt oder sich für etwas Besseres hält. Auch offener Personenkult ist ihnen fern. Zwar ist man unglaublich stolz auf Landsleute wie die vier Abbas, Fußball-Superstar Zlatan Ibrahimovic oder Schauspielerin Alicia Vikander. Man bemüht sich jedoch, den Promis ein normales Leben zu ermöglichen und dreht sich auf der Straße am besten nicht zu deutlich nach ihnen um.

MORALISCHE WELTMACHT

Gutes Selbstbewusstsein hat das Land aber durchaus. Viele Schweden sehen in ihrem Heimatland eine Art moralische Weltmacht. Bis heute darf nur der Staat Alkohol verkaufen, sind weiche Drogen und Prostitution verboten. Schweden war auch das erste Land der Welt, das die Freier mit Strafe belegte und nicht die Prostituierten. Überhaupt: Frauenrechte und Gleichberechtigung sind ein Dauerthema. Dass Frauen Vollzeit arbeiten, ist selbstverständlich. Dass Männer El-

1932 Erste sozialdemokratische Regierung, Aufbau des Wohlfahrtsstaats

1939–45 Zweiter Weltkrieg: Schweden ist neutral

1995 EU-Beitritt

2003 Referendum-Nein zum Euro

2018 Erster Sitzstreik von Greta Thunberg in Stockholm

2020/21 Sonderweg in der Corona-Zeit: Appelle statt Zwang

2022 Schweden bewirbt sich um Nato-Mitgliedschaft

ternurlaub machen auch. Und so hat Schweden eine der höchsten Geburtenraten in Europa.

BITTE ABSTAND HALTEN

Bei aller Offenheit gehen die Schweden doch ungern auf Tuchfühlung. Nicht nur am Strand schätzen sie genügend Abstand zum Nachbarn. Auch die *stuga* – das kleine, zumeist hölzerne Ferienhäuschen – ist in ihren Augen erst dann perfekt gelegen, wenn das Nachbarhaus außer Sicht- und Hörweite ist. Der Hang zur Distanziertheit zeigt sich auch politisch. Der EU, der Schweden 1995 beitrat, steht die Bevölkerung zurückhaltend gegenüber, die Euro-Einführung lehnten die Schweden 2003 ab. Als Folge des Ukrainekriegs bewarb sich das Land jedoch 2022 um den Beitritt zur Nato. Zwar duzen sich in dem stark sozialdemokratisch geprägten Land alle, die Menschen sind zudem gastfreundlich und äußerst hilfsbereit. Schnelle Freundschaften wirst du hier aber eher nicht schließen.

NATURPARADIES

Schweden in all seinen Facetten kennenlernen heißt, das Land in seiner ganzen Länge – nicht weniger als 1500 km – zu besuchen. Auf einer Fläche von 447 420 km² leben 10 Mio. Menschen – viel Platz also für unberührte Natur, in der Elche und Rentiere zu Hause sind. Besonders Aktivurlauber fühlen sich in Schweden wohl. In den Weiten der nördlichen Berge *(fjäll)* können Naturbegeisterte tagelange Skitouren oder Wanderungen unternehmen, die vielen Flüsse des Landes ziehen Kanufahrer an. Wer es entspannter mag, geht in den dichten Wäldern spazieren oder sammelt Pilze und Beeren. Während die weiten Felder des südlichen Schonen (Skåne) an Norddeutschland und Dänemark erinnern, gleichen große Teile Lapplands im äußersten Norden Schwedens einer Steppe. Dazwischen liegen ein knappes Dutzend traumhafter Landschaften, die alle ihren eigenen Reiz haben, und viel, viel Wald.

HAUPTSACHE DRAUSSEN

Nicht nur die Landschaften, auch die Bewohner verändern sich auffallend im Wechsel der Jahreszeiten. Die Unterschiede zwischen Sommer und Winter sind in Schweden wegen der nördlichen Lage viel ausgeprägter als in Mitteleuropa. Im Winter sind die Schweden am liebsten zu Hause. Sobald sich aber im Frühjahr die Sonne zeigt, strömt alles in die Parks und Fußgängerzonen. Dort, wo noch Schnee und Eis liegen, schnallen die Menschen Schlittschuhe und Langlaufskier an und begeben sich in die Natur. In den Sommermonaten leben die Schweden ihre Begeisterung für das *friluftsliv*, das Freiluftleben, aus. Dann verbringen sie möglichst viel Zeit an der frischen Luft. Gleichzeitig sind Stockholm, Göteborg und Malmö prickelnde, multikulturelle Städte, die Trends rasch auffangen oder gar kreieren. Das ist Schweden: ein hochdigitalisiertes Hightech-Land mit Hunderttausenden Elchen und atemberaubender Natur. *Välkommen!*

AUF EINEN BLICK

10,45 MIO.
Einwohner

Griechenland: 10,7 Mio.

25,7

EINWOHNER PRO KM²

Deutschland: 232 Einwohner/km²

267.000
Inseln

Weltweit das Land mit den meisten Inseln

447.420 km²
Fläche

Deutschland: 357.380 km²

HÖCHSTER BERG: KEBNEKAISE

2106 M

TAGESLICHT PRO TAG IN KIRUNA IM JUNI

24

STUNDEN

TAGESLICHT PRO TAG IN KIRUNA IM DEZEMBER

0–2

STUNDEN

30.000 SAMEN

leben in Schweden. 10 Prozent leben noch von der Rentierindustrie. Die Sami-Sprache hat 300 Wörter für Schnee.

WALD

63 % Schwedens sind von Wald bedeckt, davon 80 % Nadelwald

SUCHTGETRÄNK NR. 1:
Kaffee (7,6 Kilo Rohkaffee pro Kopf pro Jahr)

VASAMUSEUM:
1,5 MIO. BESUCHER/JAHR

SCHWEDEN VERSTEHEN

DIE SACHE MIT DEM ELCH

Die Schweden selbst stehen mitunter etwas ratlos vor dem Hype, den Elche bei ausländischen Besuchern auslösen. Viele Einheimische mögen Elche vor allem vor der Flinte und auf dem Teller. In Schweden, so heißt es, gibt es vier große Feiertage: Weihnachten, Ostern, Mittsommer und Elchjagd. Gut ein Viertel der insgesamt 350 000 Elche lassen bei der alljährlichen Jagdsaison ihr Leben. Dennoch – oder gerade deswegen – muss man sich um ihren Fortbestand keine Sorgen machen. Die Elchpopulation in Schweden ist gesund. Das große Problem für touristende Elchfanatiker ist, dass sich die Tiere in freier Wildbahn nur selten zeigen. Doch wozu gibt es 30 Elchparks? Ein Besuch lohnt sich. Der „König des Waldes" ist tatsächlich etwas ganz Besonderes (Liste der Elchparks, natürlich auch auf Deutsch: *elchparks inschweden.com*).

NO CASH

Schweden ist auf dem Weg zur bargeldlosen Gesellschaft. Kaugummi im Supermarkt, Coffee to go – selbst Kleinstbeträge bezahlen die Schweden und Schwedinnen mit Karte. Viele Restaurants, Läden und Hotels haben sich zu bargeldlosen Zonen erklärt. Auch „Swish" ist in. Mithilfe dieser Bezahl-App lässt sich Geld per Smartphone schnell und kostenlos überweisen. Selbst die Kollekte in der Kirche lässt sich mittlerweile „swishen". Bedenken in Sachen gläserner Bürger oder Überwachungsstaat sind den Schweden fremd.

GLEICH, GLEICHER, SCHWEDEN

Gleichheit ist einer der Grundpfeiler der schwedischen Gesellschaft – bei Geschlecht, Religion und Herkunft. Pride, der Kampfbegriff der Lesben, Schwulen, Bisexuellen und Transgenderpersonen, schaffte in Schweden früh seinen Durchbruch. Das jährliche Pride-Festival in Stockholm gehört zu den größten seiner Art. Was die Religion anbelangt, so sind – zumindest auf dem Papier – knapp 60 Prozent der Schweden Protestanten. Im Alltag spielt der Glaube jedoch eine geringe Rolle, Schweden gilt als eines der am wenigsten religiösen Länder der Welt. Ein Vorreiter war und ist das Land hingegen in Sachen Gleichberechtigung von Mann und Frau. Schweden hat eine der höchsten Frauenerwerbstätigkeitsquoten der Welt. In der Regel arbeiten Frauen Vollzeit. Großzügiger Elternurlaub, eine Krippenplatzgarantie, Ganztagskindergärten und -schulen sorgen gleichzeitig für eine der höchsten Geburtenraten in der EU.

HEREINSPAZIERT!

Prinzipiell darf sich in Schweden jeder frei in der Natur bewegen, auch auf Privatgrundstücken. Das regelt das sogenannte *allemansrätten* (Jedermannsrecht). Gerade wegen dieser Freiheit ist es wichtig, sich an die wenigen Einschränkungen zu halten, um die Natur zu bewahren. Lagerfeuer etwa sind im Wald (Brandgefahr) und auf Felsen (Bruchgefahr) verboten. Das Pflücken geschützter Pflanzen ist ebenso untersagt wie das Fällen von Bäumen. Schilder mit dem Hinweis „Betreten verboten" sind selten, sollten aber unbedingt beachtet werden. Es empfiehlt sich, das Jedermannsrecht zu studieren *(short.travel/swe54)*, bevor es in die Natur geht. Dort steht nämlich nicht nur, was erlaubt ist und was nicht, die Bestimmungen sind auch ein Stück Kulturerbe, das viel über das Selbstverständnis der Schweden aussagt.

BEI KÖNIGS

Erstaunlicherweise erfreut sich im Land der Gleichheit die Monarchie großer Beliebtheit. Weitestgehend skandalfrei (auch wenn über mögliche Affären Carl Gustafs so einiges gemunkelt wurde) leben die Bernadottes vor sich hin und repräsentieren Schweden erfolgreich im Ausland. Politische Macht hat der König als staatliches Oberhaupt nicht mehr, doch der PR-Effekt der königlichen Familie ist enorm.

Außerdem gelingt es Silvia und Co. erfolgreich, altmodischen Prunk und Volksnähe zu vereinen. Geschickt vermischen sie auch Tradition und Moderne und führten z. B. die weibliche Thronfolge ein. So wird die überaus beliebte Victoria einmal ihren Vater beerben.

SKÅL!

Schnell mal ein Bier oder einen Wein im Supermarkt kaufen, das kannst du in Schweden vergessen. Nach wie vor

Nah am Volk: ein Teil der königlichen Familie beim Nationalfeiertag

Auf dem Marktplatz in Vimmerby schreibt sie noch immer: Astrid Lindgren

hat der schwedische Staat ein Alkoholmonopol. Das Recht auf ein solches Monopol hatte man sich beim Eintritt in die EU 1995 ausdrücklich genehmigen lassen. „Richtiges" Bier, Wein und andere Spirituosen gibt es lediglich in einer der mehr als 430 staatlichen *Systembolaget*-Filialen zu kaufen. Dort sind die Öffnungszeiten für schwedische Verhältnisse sehr beschränkt und sonntags geht gar nichts. Die Altersgrenze liegt bei 20 Jahren und die Getränke sind teuer, weil hoch besteuert. All das ist Absicht. Alkohol soll schwer zugänglich sein und viel kosten, um Alkoholismusprobleme besser in den Griff zu bekommen. Die Forschung gibt der Regierung recht: Im Durchschnitt trinken die Schweden deutlich weniger als z. B. Deutsche, Österreicher und Schweizer.

ASTRID

Heute vergisst man gern, wie revolutionär Astrid Lindgren einst war. Nirgendwo in der Kinderliteratur gab es vor ihr Figuren wie Pippi Langstrumpf. Frech, stark und kämpferisch, zudem noch weiblichen Geschlechts. Lindgren hat Kinder ernst genommen. Das war ihr großes Geheimnis. Einerseits schilderte sie die Idylle im ländlichen Bullerbü. Andererseits schrieb sie über große Fragen wie den Tod, etwa in „Die Brüder Löwenherz". Die weltberühmte Schriftstellerin, deren eigenes Leben keineswegs immer idyllisch war, engagierte sich gesellschaftspolitisch, kämpfte gegen hohe Steuern und Atomkraft, für Kinder- und Tierrechte. „Ich bin die Beichtmutter der Nation", sagte sie einmal und war darüber nicht nur glücklich.

WELTKLASSE-TRENDSETTER

Irgendwie gelingt es Schweden immer wieder, Revolutionäres auf den Markt zu bringen. Denk mal nur an Ikea, H&M und Tetrapak oder im digitalen Zeitalter an Skype, Spotify und Candy Crush. Bei Mode und Design mischen die Schweden mit COS, Filippa K, Acne und Hope auch ganz vorne mit. Und dann natürlich die Musik! Abba machte den Anfang. Danach kamen u.a. Roxette, Swedish House Mafia, Avicii und Zara Larsson. Was ist das Geheimnis dieses Erfolgs? Ein gutes Bildungssystem, soziale Absicherung und der Mut zu Unkonventionellem – so lautet eine Standarderklärung. Wir sagen einfach: Hut ab!

SAMEN

Die Samen gehören zu den wenigen noch existierenden indigenen Völkern in Europa. Ab dem 17. Jh. wurden die rentierzüchtenden Nomaden von den skandinavischen Regierungen verfolgt und unterdrückt. Erst der erfolgreiche Kampf gegen Staudammprojekte in ihrem Lebensraum brachte nach 1980 die Wende. Heute verfügen die gut 90 000 über Nordskandinavien verteilten Samen (früher abschätzig Lappen genannt) über umfassende Minderheitenrechte, eigene Parlamente – das der 30 000 schwedischen Samen hat seinen Sitz in Kiruna –, Medien und Hochschulen. Auch samische Kultur erlebt eine Renaissance. Junge Samen zeigen Selbstbewusstsein und kombinieren z.B. den traditionellen Gesang *jojk* mit Hiphop oder Popmusik. Der Film „Das Mädchen aus dem Norden" themati-

KLISCHEE KISTE

BLOND UND SEXY

Ja, im weltweiten Vergleich sind überdurchschnittlich viele Schwedinnen blond. Das liegt an den Genen. Ein besonderes Sex-Gen ist jedoch nicht Teil der schwedischen DNA. Den Ruf der Freizügigkeit erwarb sich Schweden in der Nachkriegszeit: Sexualkunde in der Grundschule und explizite Aufklärungsfilme schockierten in den 1950er-Jahren Moralisten. Dank großzügiger Gesetzgebung kam in den 1970er-Jahren der Boom der Schwedenpornos mit Sex in freier Natur. Unter dessen Spätfolgen leiden die Schwedinnen – ob blond oder nicht – noch heute. Denn eigentlich sind sie laut Flirtexperten, nun ja, eher zugeknöpft.

STEUERLAST

1976 schrieb Astrid Lindgren über Pomperipossa, die im Lande Monismanien 102 Prozent Steuern zahlen musste. Eine harsche Kritik am damaligen schwedischen Staat. Der bot zwar ein phantastisches soziales Netz, die Steuern explodierten jedoch. Heute ist das anders. Normalverdiener zahlen weniger als ein Drittel ihres Einkommens an Steuern – Renten- und Krankenversicherung inbegriffen. Hoch ist hingegen die Mehrwertsteuer mit 25 Prozent. Du wirst es bestimmt beim Einkaufen merken.

siert den schwedischen Rassismus der 1930er-Jahre.

NOBEL

Alfred Nobel (1833–1896) ist sicherlich einer der berühmtesten Schweden. Zu Lebzeiten kam der gebürtige Stockholmer als Erfinder und Industrieller zu Vermögen und Ansehen. Seine bekannteste Erfindung ist das Dynamit. Weltweit berühmt wurde er als Stifter der nach ihm benannten Nobelpreise. Seit 1901 werden alljährlich die „größten Leistungen für die Menschheit" auf den Gebieten der Literatur, der Medizin/Physiologie, der Biologie, der Chemie und der Friedenssicherung mit je 10 Mio. Schwedischen Kronen (ca. 1,1 Mio. Euro) bedacht. Nur der Friedensnobelpreis wird nicht in Stockholm, sondern in Oslo verliehen – zu Nobels Zeiten gehörte Norwegen noch zur schwedischen Krone und Nobel wollte die Norweger ebenfalls teilhaben lassen.

KOFFEINSUCHT

Weltweit trinken nur die Niederländer und die Finnen mehr Kaffee als die Schweden. Kaffee geht immer – morgens, mittags, abends, aber auch spät nachts. Und die Kaffeepause hat ihren eigenen Namen: *fika* – mit langem i! Am liebsten trinken die Schweden Filterkaffee, den gern stark. Nach Espresso oder Cappuccino suchst du auf dem Land oft vergeblich. In den Städten hingegen boomen Kaffeebars. Trendsetter war die 1996 gegründete schwedische Kette *Espresso House (espressohouse.com)* – jetzt in deutscher Händen.

DICKE LIPPE

Zigaretten sind in Schweden selten zu sehen. Nirgendwo sonst in Europa rauchen so wenig Menschen wie in Schweden. Dafür ist snusen weit verbreitet. Snus ist ein Lutschtabak, der zwischen Lippe und Zahnfleisch geklemmt wird. Dort verbreitet er Ge-

Und nach der Nobelpreisverleihung geht's hierher zum Bankett: Stockholmer Rathaus

schmack und Wirkung – und nach Ansicht einiger Experten auch Krebs. Snus ist in keinem anderen Land der EU erlaubt. Schweden bekam wegen der langen Tradition des Snusens eine Ausnahmegenehmigung. Siehst du einen Schweden mit dicker Oberlippe, dann weißt du: Er genießt gerade seine *prilla*, seine Portion Lutschtabak.

(EIS)WEIN

Dank gestiegener Durchschnittstemperaturen und computergesteuerter Anbaumethoden haben viele südschwedische Bauern auf den Weinbau umgesattelt. Der Erfolg blieb nicht aus. In den staatlichen Monopolgeschäften *systembolaget* sind mittlerweile auch einheimische Produkte wie „Domaine Sånana" in den Regalen zu finden – und in der Provinz Skåne laden Produzenten zu Degustationsreisen entlang des über 100 km langen *Vinvägen* (Weinstraße) ein. Der Direktverkauf im Weingut ist aber verboten. Wer nicht den Umweg über ein *systembolaget* (s. S. 19/20) machen will, kann die schwedischen Lieblingstropfen einfach im Internet bestellen.

PHÄNOMEN GRETA

Im August 2018 setzte sich die 15-jährige Stockholmerin Greta Thunberg zum ersten Mal mit einem Schild „Schulstreik für das Klima" vor dem schwedischen Parlament auf den Boden. Kaum jemand beachtete sie. Zwei Jahre später streikten Hunderttausende weltweit jeden Freitag fürs Klima, und alle wissen, wer Greta ist. Dank sozialer Medien und ungewöhnlich deutlicher Sprache wurde Thunberg zum Sprachrohr der Klimabewegung. Sie hat das Asperger-Syndrom, bezeichnet es selbst aber nicht als Krankheit, sondern als ihre „Superpower". Übrigens: Gretas Mutter ist die bekannte Opernsängerin Marlena Ernmann, die Schweden 2009 im Eurovision Song Contest vertrat.

ESSEN SHOPPEN SPORT

Essen, (Kaffee) trinken und shoppen: Stockholmer Altstadt

Solgränd
1-3

ESSEN & TRINKEN

Schweden war lange ein armes, agrarisches Land. Man aß, was der Boden hergab, und das war im rauen Klima des Nordens nicht allzu viel, dafür stand umso mehr Fisch auf dem Speiseplan. Das spiegelt sich heute noch in der Küche wider. Traditionelle Gerichte sind entsprechend einfach, der Variantenreichtum ist beschränkt. Die klassischen Zutaten wie Kartoffeln, Fisch, Fleisch, Beeren und Pilze sind hier jedoch von hoher Qualität, deswegen schmeckt in Schweden auch das Schlichte lecker.

In den letzten Jahren hat sich die nordische Küche enorm weiterentwickelt. Schwedische Köche gehören weltweit zu den Besten ihrer Zunft. Mittlerweile gibt es nicht weniger als 21 Restaurants im Land mit mindestens einem Michelinstern. Frantzén in Stockholm hat sogar drei. Die neuen Köche setzen häufig auf regionale Zutaten mit modernem Touch. Natürlich findest du die Edelrestaurants vor allem in den drei Großstädten Stockholm, Göteborg und Malmö. Doch auch im Rest des Landes lässt es sich gut essen.

DO IT YOURSELF

Mittags bieten viele Restaurants und Cafés preiswerte Tagesgerichte *(dagens rätt)* an. Sie kosten rund 14 Euro inkl. Salat, Brot und Kaffee. Vom Kaffee, der oft in Thermosflaschen bereitsteht, kannst du dir übrigens beliebig oft und viel nachschenken. Dieser Gratisservice heißt auf Schwedisch *påtår* (= noch ein Schluck). Auch Leitungswasser bekommst du immer und überall gratis. Das Essen holst du dir meistens selbst an der Theke. Personalkosten sind hoch in Schweden, so kannst du sparen. Nach der Mahlzeit stellst du dann dein Geschirr samt Tablett in ei-

INSIDER-TIPP
Kaffee ohne Ende

Zwei Klassiker: Fleischbällchen (li.) und Moltebeeren (re.)

nen der bereitstehenden Abstellwagen. Und weil du alles selbst erledigst, wird auch kein Trinkgeld erwartet.

TREFFPUNKT KIOSK

Abends sieht es anders aus, da ist Service angesagt. Der hat seinen Preis. Grundsätzlich ist die billige, aber gute Gaststätte in Schweden eher Mangelware. Meistens hast du die Wahl zwischen teuer bis sehr teuer und Fast-Food-Niveau. Vor allem auf dem Land ist die Auswahl oft beschränkt. In jedem Dorf gibt es allerdings eine *gatukök*, einen Straßenimbiss. Die dort servierten Hot Dogs und Würstchen mit Kartoffelbrei und Pizzen sind zwar keine kulinarischen Highlights, aber fester Bestandteil der gastronomischen Infrastruktur. Populäre Restaurants teilen den Abend oft in zwei Besuchszeitfenster auf. Du musst dich beim Buchen für eine der beiden entscheiden.

VIEL MEHR ALS FLEISCHBÄLLCHEN

Ja, die Fleischbällchen *köttbullar*, die übrigens „schöttbullar" ausgesprochen werden, gehören zur typisch schwedischen Küche. Serviert mit frischem Kartoffelbrei, Preiselbeeren und eingelegter Gurke können sie eine richtige Delikatesse sein. Beliebtester Fisch ist wohl nach wie vor der Hering (*sill* oder *strömming*), den es in zahlreichen Variationen gibt. Hartgesottene können im August den vergorenen Hering *surströmming* probieren. Auch Lachs und Dorsch stehen häufig auf der Speisekarte. Elch und Rentier sind zwar Spezialitäten, jedoch nicht oft in Restaurants zu finden. Häufig behalten die Jäger das Fleisch lieber selbst.

Auch Beeren spielen eine wichtige Rolle. Eine Kostbarkeit sind Moltebeeren *(hjortron)*. Sie sehen aus wie knallorange Himbeeren, wachsen jedoch

Highlight zum Kaffee: Zimtschnecken

nur hoch im Norden – das macht sie so teuer – und jedes kleine Büschlein trägt nur wenige Beeren.

MIDDAG IST NICHT MITTAG

Viele traditionelle Gerichte sind an eine bestimmte Jahreszeit gebunden. An Mittsommer stehen Erdbeeren hoch im Kurs. Im August lädt ganz Schweden zu *kräftskiva* ein, dem alljährlichen Flusskrebsessen, bei dem fleißig gesungen und Schnaps gepichelt wird. In der Weihnachtszeit hat dann das *julbord* seinen Auftritt, ein üppiges Buffet mit Fisch, Würstchen, Schinken, Auflauf, Pasteten und Milchreis als sättigendem Abschluss.
Während des restlichen Jahres wird zum *smörgåsbord* gebeten, das ist quasi ein *julbord* ohne Weihnachtsschinken und Milchreis.
Gegessen wird in der Regel relativ früh. Mittagessen *(lunch)* gibt es bereits ab 11.30 Uhr. Das Abendessen, das in Schweden verwirrenderweise *middag* heißt, wird dann schon ab 18 Uhr serviert.

SÜSSER ZAHN

Eine gesellschaftliche Institution ist die *fika* (s. S. 22). Zum Kaffee gibt's *kanelbullar*, Zimtschnecken. Eine leckere Variante ist die Schnecke mit Kardamom *(kardemummabulle)*. Ins Auge sticht die *prinsesstårta*, eine Sahne-Biskuit-Torte mit knallgrünem Marzipandeckel. Genauso grün, aber mit Schokoladenecken kommen die *dammsugare*, Staubsauger, daher: kleine Punschrollen. Traditionell ist auch schwedisches Brot *(limpa)* leicht gesüßt. In den letzten Jahren wurde jedoch auch ungesüßtes Sauerteigbrot immer populärer. Eine Delikatesse ist *knäckebröd*, probier dich durch die unzähligen Varianten! In Kiosken und Supermärkten siehst du oft Süßigkeiten *(godis)*, die offen und nach Gewicht verkauft werden. In vielen Familien gibt es sie nur an einem bestimmen Wochentag. Meistens ist das der Samstag *(lördag)*. Dann bekommen die Kinder ihre *lördagsgodis*.

LEICHTBIER & CO

Mittags wird in Schweden meist kostenloses Leitungswasser, Limonade *(läsk)* oder Leichtbier *(lättöl)* getrunken. Das hat einen maximalen Alkoholgehalt von 2 %. Abends greift man gern zum normalen oder stärkerem Bier *(folk- oder starköl)*. Auch in Schweden sind Mikrobrauereien stark im Kommen, es gibt vor allem in den Städten oft eine beachtliche Auswahl. Das Gleiche gilt für Wein, Schnaps und Cocktails. Rechne damit, dass du für Alkohol aufgrund der hohen Steuern ungefähr doppelt so viel wie zu Hause auf den Tisch blättern musst.

Unsere Empfehlung heute

Vorspeisen

SENAPSILL
Eingelegter Hering in Senfsauce

TOAST SKAGEN
Toast mit Krabben, Dill und Mayonnaise

PURJÖLÖKSOPPA
Lauchsuppe

Hauptgerichte

LAXPUDDING
Lachsauflauf mit Kartoffeln, Dill und gebräunter Butter

KÖTTBULLAR MED POTATISMOS OCH LINGON
Fleischbällchen mit Kartoffelbrei und Preiselbeeren

ÄLGGRYTA
Elcheintopf

JANSSONS FRESTELSE
Kartoffelgratin mit Zwiebeln und Anchovis (Die Versuchung des Jansson)

Für Genießer

KRÄFTOR
Flusskrebse (nur im August)

Desserts

VANILJGLAS MED HJORTRON
Vanilleeis mit Moltebeeren

BLÅBÄRSPAJ MED VANILJSÅS
Blaubeer-Pie mit Vanillesauce

NYPONSOPPA MED MANDELBISKVIER
Hagebuttenkaltschale mit Amarettini

Zwischendurch

VÅFFLOR MED GRÄDDE
Frisch gebackene Waffeln mit Schlagsahne

KANEL-/KARDEMUMMABULLE
Zimt- oder Kardamomschnecke

MJUKGLASS
Cremiges Softeis

SHOPPEN & STÖBERN

Einkaufen wird dir in Schweden leicht gemacht. Die Ladenöffnungszeiten sind großzügig, fast alle Geschäfte haben auch sonntags geöffnet. Schnäppchenjäger sollten auf jeden Fall nach herabgesetzter Ware *(rea)* oder Restposten *(fynd)* Ausschau halten. Im Sommer sprießen vor allem auf dem Land Flohmärkte *(loppis)* wie Pilze aus dem Boden.

DESIGN FÜRS HEIM …

Nicht erst seit Ikea ist Schweden tonangebend, was Wohndesign betrifft. Da sich ein Sofa eher schlecht als Mitbringsel eignet, kannst du nach handlicheren Dekogegenständen Ausschau halten – z. B. in den Läden von Design Torget *(designtorget.com)* oder Granit *(granit.com)*, die es in vielen größeren Städten gibt.
Altes schwedisches Design findest du auf dem Land. Meist werden einfache Möbel und andere Waren verkauft, die die Händler bei Haushaltsauflösungen erstanden haben. Achte auf Schilder mit der Aufschrift „Antik" oder „Loppis".

INSIDER-TIPP
Trödel vom Feinsten

… UND DEN KLEIDERSCHRANK

Neben *H&M* haben sich inzwischen auch andere schwedische Modelabels fest auf dem internationalen Markt etabliert. Kleidung von *Tiger of Sweden, COS, Filippa K.* oder *Acne* etwa sind begehrt und in den größeren Städten zu haben. Unschlagbar sind die Schweden auf dem Markt der Outdoor-Kleidung. Halte Ausschau nach Marken wie *Fjällräven*, *Peak Performance* und *Haglöfs*.

JAHRHUNDERTEALTES KUNSTHANDWERK

Seit mehr als 250 Jahren üben südschwedische Glasbläser im *glasriket*

Einst nur Kinderspielzeug, heute ein Schwedensymbol: dekorative Dalapferdchen

(Glasreich, s. S. 66) bei Växjö ihr Handwerk aus. Du kannst vor Ort zusehen, wie bildschöne Vasen, Gläser und Schüsseln hergestellt werden, und sie günstig direkt ab Fabrik kaufen.

Samisches Kunsthandwerk findest du vor allem im Norden, besonders in den Zentren der samischen Bevölkerung wie in Jokkmokk oder Gällivare nördlich des Polarkreises. Typisch sind Schmuck aus Leder und feinem Zinndraht, Gefäße aus Birkenholz oder Schnitzereien aus Rentierhorn.

SYMBOLTRÄCHTIGES PFERD

Das wohl am häufigsten verkaufte Souvenir in Schweden ist das so genannte Dalapferdchen *(dalahäst)*. Das beliebte geschnitzte Holztier ist traditionell rot und wird in der Provinz Dalarna hergestellt. Ursprünglich als Kinderspielzeug gedacht, wurde das Pferd zum Symbol des Landes, als bei der Weltausstellung in New York 1939 ein 3 m hohes Exemplar den schwedischen Pavillon zierte.

ELCH, SÜSSES UND SPEZIELLES

Geräuchertes Elch- oder Rentierfleisch ist eine Delikatesse, die sich vakuumverpackt leicht transportieren lässt. Besonders ist auch ein Glas *hjortronsylt* (Moltebeermarmelade). Mutige wagen sich an *surströmming* (fermentierter Hering); aber Achtung: Dose unbedingt im Freien öffnen!

EIN MESSERCHEN FÜR ALLE

Ohne ein Buttermesser *(smörkniv)* geht an schwedischen Tischen gar nichts. Die Holzmesserchen mit den runden Kanten stecken in Margarine, Butter und anderem Brotaufstrich. Und alle am Tisch teilen sich das eine Stück. Leicht, zweckmäßig und hübsch anzusehen, sind *smörknivar* ein ideales Mitbringsel. Es gibt sie – klar! – auch mit netten Elchmotiven.

SPORT

Berge, weite, unbewohnte Landschaften, Flüsse, Seen und natürlich das Meer – Schwedens Natur bietet beste Voraussetzungen für Outdoorsport. Ob Skifahren, Wandern, Reiten, Segeln, Schwimmen oder Schlittschuhlaufen: Sportfreaks haben zu jeder Jahreszeit die freie Wahl.

ANGELN

Mit seinen 100 000 Seen, dem Meer und vielen Flüssen ist Schweden ohne zu übertreiben ein Anglerparadies. Schleppangeln, Put-and-Take, Fliegenfischen oder Eisfischen im Winter – du hast die Wahl. Im dünn besiedelten Norden empfiehlt sich Angeln mit Guide. Und das am besten unter der Mitternachtssonne. Weit über Schweden hinaus dafür bekannt ist das *Fischcamp Tjuonajokk (Tel. 07337 6 18 97 | fishyourdream.com)* in Lappland.

Für das Meer und das Angeln in den fünf größten Seen – im Vänern, im Vättern, im Mälaren, im Hälmaren und im Storsjön – brauchst du keine Lizenz, für viele andere Gewässer ist ein Angelschein nötig. Diesen kannst du unkompliziert online auf Schwedens führendem Angelportal *iFiske* (*ifiske.se* – auch auf Deutsch!) kaufen. Dort findest du zudem Infos über alle Gewässer, Angelscheine und -berichte. Die Angelscheine gibt es außerdem auch in Touristeninformationen, Fachgeschäften oder an Tankstellen. Für einen Tag bezahlst du zwischen 30 und 90 SEK.

INSIDER-TIPP
Alles übers Angeln

FAHRRADFAHREN

Die relativ flache Landschaft macht Schweden zum perfekten Ort für Radfahrer, die gern gemütlich fahren und viel sehen möchten. Herrlich fährt es sich auf Gotland, dort ist es auch nie

Wildes Wasserabenteuer: Rafting

weit zum nächsten Strand. Auf dem Festland sind die Strecken im Süden – vorbei an blühenden Feldern, felsigen und sandigen Küstenabschnitten, Seen und Flüssen – die schönsten, z. B. *Astrid Lindgrenleden, Smålandsleden* und *Dalslandsleden.* Von Skåne bis hinauf nach Lappland führt der über 2500 km lange *Sverigeleden,* entlang der Ostküste und hinaus in die Schären der *Kustlinjen.* Die Strecke ist besonders reizvoll, weil sie – mit Fähren – auch in die Stockholmer Schären führt. *Infos und Karten: Svenska Cykelsällskapet | Tel. 08 7 51 62 04 | svenska-cykelsallskapet.se*

GOLF

Weil es in Schweden so viel Platz gibt, ist der Golfsport relativ preiswert und nicht so exklusiv wie in anderen Ländern, Golfen ist ein Breitensport. Viele Clubs liegen herrlich am Meer oder in der Heidelandschaft, am größten ist die Auswahl im Süden. Infos zum Thema Golf bekommst du beim Schwedischen Golfverband *(Svenska Golfförbundet | Tel. 08 6 22 15 00)* oder auf *svenskgolf.se/golfguiden.*

KANU- & KAJAKFAHREN & RAFTING

Die zahlreichen Flüsse, die miteinander verbundenen Seen und die Schären sind hervorragende Reviere für ausgiebige Kanu- und Kajaktouren. Wer lieber ruhige und entspannte Fahrten mag, paddelt am besten auf den Binnengewässern im Süden (z. B. in der Seenlandschaft nördlich von Gnesta, um Växjö oder bei Jönköping), nachts darf am Ufer gezeltet werden. Raue Wildwassertouren hingegen sind in Värmland möglich. Und auch durch die Stockholmer Schären kann gepaddelt werden. *Infos: Svenska Kanotförbund | Tel. 0155 20 90 80 | kanotguiden.com/en*

REITEN

Schön sind mehrtägige Reittouren durch die unberührte Natur entlang dem *Hallandleden* südlich von Göteborg oder im Södermanland südwestlich von Stockholm. Übers ganze Land verteilt gibt es Pferdehöfe, die Touren und Trips organisieren sowie Reitunterricht geben. Konkrete Infos erteilen die Touristeninformationen vor Ort.

SEGELN

Die schönsten Segelreviere sind die Schären vor Göteborg und Stockholm sowie die Gegend um die Inseln Öland und Gotland. Dort gibt es viele Segelschulen und Veranstalter, die Törns organisieren. *Broschüre mit Gästehäfen: Gästhamnsguiden AB | Tel. 0474 482 85 | gasthamnsguiden.se, svenskagasthamnar.se*

WANDERN & TREKKING

Im Norden, z. B. im Abisko-Nationalpark, sind tagelange Trekkingtouren durch die unberührte, steppenartige Landschaft möglich, ohne mehr als einer Handvoll Menschen zu begegnen. Der Wanderweg entlang der Höga Kusten *(Högakustenleden)* im Osten bietet einen phantastischen Blick über die Küste. Entspannte, kürzere Touren führen am See Vänern *(Kinnekileleden)* vorbei sowie durch Värmland oder Dalarna. Der berühmteste schwedische Wanderweg, der *Kungsleden,* verläuft von Abisko in Lappland bis hinunter nach Dalarna. Die meisten Wanderwege sind gut ausgeschildert. Dank Jedermannsrecht kannst du meist problemlos zelten, oft gibt es auch Hütten, im Sommer am besten vorab buchen. *Infos: Svenska Turistföreningen | Tel. 08 4 63 21 00 | svenskaturistforeningen.se*

WINTERSPORT

Langlauftouren sind in ganz Schweden möglich. Loipen werden eigentlich überall gespurt, sobald es Schnee

Kungsleden: der berühmte Wanderweg Schwedens bietet spektakuläre Naturerlebnisse

gibt. Mehrtägige Touren in Lappland, kannst du z. B. mit logistischer Unterstützung des *Camp Ripan (Tel. 0980 6 30 00 | ripan.se)* in Kiruna oder *Dundret (Tel. 0970 52 28 00 | dundretla pland.com)* in Gällivare unternehmen. Der Schwedische Tourismusverein *(stf. nu)* bietet preiswerte Pakete an. Die meisten Abfahrtshänge sind eher bescheiden, aber für Anfänger und Kinder prima geeignet. Wer es anspruchsvoller mag, fährt in die Gegend um Åre und Idrefjället oder zur *Offpisttour* nach Björkliden. In Riksgränsen kann bis Ende Juni unter der Mitternachtssonne gefahren werden. Die besten Skigebiete des Landes befinden sich in Vemdalen *(Tel. 0684 3 00 01 | vem dalen.se)* in der Provinz Härjedalen und in der WM-Destination Åre *(Tel. 0647 1 63 21 | are.se)*.

Schwedischer Nationalsport ist das Gleiten über die zugefrorene Ostsee oder einen der vielen Kanäle mit den *långfärdskridskor*, Schlittschuhen mit besonders langen Kufen. Diese Fortbewegungsart sollte nur mit Schutzausrüstung und ortskundigem Führer unternommen werden. *Infos: Svenska Turistföreningen | Tel. 08 4 63 21 00 | stf.nu*

Immer beliebter werden Hundeschlittentouren durch Nordschweden. Es ist ein echtes Erlebnis in so einem Schlitten durch die verschneite Landschaft zu sausen. Nichts ist zu hören außer dem Atmen der Hunde und dem Gleiten der Kufen. Doch Achtung: Die Hunde pinkeln auch gern im Laufen. Der Platz ganz vorne im Schlitten ist nicht unbedingt der vorteilhafteste. Mittlerweile gibt es so viele Veranstalter, dass du am besten an deinem konkreten Urlaubsziel nach Anbietern Ausschau hältst.

INSIDER-TIPP
Augen auf bei der Platzwahl

Auch Schneeschuhwanderungen sind möglich, etwa in Värmland bei den *Erlebnis Profis (Eksharad | Tel. 0563 4 41 66 | erlebnis-profis.de)*.

DIE REGIONEN IM ÜBERBLICK

DER NORDEN S. 116
Köngämä älv
Inarijärvi
Kola
Torne älv
Luleå
Skellefteå
Umeå
Bottenviken
Ångermanälven
Sundsvall
Riesige Seen und kleine Dörfer – der charmanteste Teil Schwedens
Gävle
Uppsala
Traumhaft schöne Millionenstadt auf dem Wasser
STOCKHOLM
STOCKHOLM S. 38
Östersjön
DER SÜDEN S. 54
Astrid Lindgren, Wallander und ganz viel Meer
SUOMI
FINLAND
ROSSIJA
Beloe More
Topozero
Suna
Ladozskoe ozero
Volhov
Narva
Peipsi järv
oz. Il'men'
EESTI
Liivi laht
LATVIJA
Lovat'
Daugava
LIETUVA
BELARUS'
Neman
ROSSIJA
PL

STOCKHOLM

INSELSCHÖNHEIT AUF DEM WASSER

Die schwedische Hauptstadt ist ganz einfach schön. Stockholm liegt nicht nur am Wasser, sondern auf dem Wasser. Genauer gesagt: auf 14 Inseln mit der Ostsee auf der einen und dem See Mälaren auf der anderen Seite.

Doch damit nicht genug: Grün ist die Stadt auch noch. Stockholm, so heißt es, besteht zu einem Drittel aus Wasser, zu einem Drittel aus Gebäuden und zu einem Drittel aus Grünflächen. Egal, wo du dich gerade befindest, das nächste Ufer oder der nächste Park sind garan-

Immer wieder Wasser, auch beim Blick vom Skinnerviksparken auf der Insel Södermalm

tiert nicht weit. Dazu gibt es Kultur satt: von Abba bis Vasa – selbst Museumsmuffel werden hier fündig. Besonders praktisch: Das Stadtzentrum ist relativ klein, man kommt bestens ohne Auto aus. Zu Fuß, per Fahrrad oder mit dem öffentlichen Nahverkehr kannst du Stockholm leicht erkunden. Ausführliche Informationen zur Hauptstadt Schwedens findest du im MARCO POLO Reiseführer „Stockholm".

STOCKHOLM
Humlegården
Karlavägen
Kommendörsgatan
Engelbrektsgatan
Sturegatan
Brahegatan
Grev Turegatan
Linnégatan
Humlegårdsgatan
Östermalms Saluhall
Storgatan
Nybrogatan
Sibyllegatan
Artillerigatan
Riddargatan
Kammakargatan
Wallingatan
Barnhusgatan
Drottninggatan
Holländargatan
Olofsgatan
Urban Deli Takbaren
Brunnsgatan
Birger Jarlsgatan
Kungsgatan
Sveavägen
Palmes Gata
Olof
Apelbergsgatan
Lästmakargatan
Norrlandsgatan
Jarlsgatan
NORR-
MALM
4 Paradox Museum
Jakobsbergsgatan
Klara Norra
Kungsgatan
Gamla Brogatan
Hötorgshallen
Sergelgatan
Malmskillnadsgatan
Samuelsgatan
Smålandsgatan
Östra Järnvägsgatan
Kungsbron
Vasagatan
Kyrkogata
5 Avicii Experience
Klaratunneln
Regeringsgatan
Hamngatan
Kungsträdgårdsgatan
Berns
Strandvägen
Nybroviken
Terminalslingan
Blekholmsgatan
Klarabergsgatan
Drottninggatan
Arsenalsgatan
Nybrokajen
Klarabergsviadukten
3 Stockholmer U-Bahn
Vattugatan
Herkulesgatan
Tak
Stallgatan
Klarastrandsleden
Jakobsgatan
Fredsgatan
Strömgatan
Strömbron
6 Nationalmuseum
15 Stadshuset
Centralbron
Vasabron
Norrbro
Bankkajen
Slottskajen
Lejonbacken
Skeppsbron
Skeppsholmsbron
Tradition
Nobelmuseet
2
Stora
Västerlånggatan
Österlånggatan
Science-Fiction-Bokhandeln
1
Riddarfjärden
Lilla Nygatan
Nygatan
Gamla Stan
Munkbroleden
Bröd & Salt
Söder Mälarstrand
Söder Mälarstrandskajen
Centralbron
Torkel Knutssonsgatan
Bastugatan
Tavastgata
Brännkyrkagatan
Stadsgårdsleden
Hermans
Hornsgatan
Katarinavägen
Södra Teatern/Mosebacke
Hornsgatan
Timmermansgatan
Bellmansgatan
Kvarngatan
Skaraborgsgatan
Repslagargatan
Svartensgatan
SÖDER-
MALM
Krukmakargatan
Sankt Paulsgatan
Swedenborgsgatan
Björngårdsgatan
Högbergsgatan
Wolmar Yxkullsgatan
Maria Prästgårdsgata
Östgötagatan
Maria Skolgata
Rosenlundsgatan
Högbergsgatan
Högbergsbacken
Söderledstunneln
Tjärhovsgatan
Södermannagatan
Nytorgsgatan
Fatbursgatan
Folkungagatan
Maria Bangata
Slakthuset
Ringvägen
18 Snösätra Graffiti Wall of Fame
Södermalmsallén
Södermalm
Götgatan
Trädgården
Magnus Ladulåsgatan
Åsögatan
16
Skånegatan

MARCO POLO HIGHLIGHTS

★ **GAMLA STAN**
Jahrhundertealte Häuser im historischen Zentrum ➤ S. 42

★ **DJURGÅRDEN**
Eine Insel mit Kultur und Natur pur, mitten in der Stadt ➤ S. 44

★ **VASAMUSEET**
Einzigartig: ein fast komplett erhaltenes Schiff aus dem 17. Jh. ➤ S. 45

★ **ABBA – THE MUSEUM**
Die bekannteste schwedische Band im interaktiven Musikhaus ➤ S. 45

★ **SKANSEN**
Freilichtmuseum und Tierpark liegen mitten in der Stadt ➤ S. 46

★ **FOTOGRAFISKA**
Internationale Fotokunst ➤ S. 47

★ **STOCKHOLMER SCHÄREN**
Unzählige Inseln umgeben die Hauptstadt – ein Paradies für Kanuten und Segler ➤ S. 52

★ **SCHLOSS DROTTNINGHOLM**
Der imposante Sitz der Königsfamilie kann besichtigt werden ➤ S. 52

★ **SCHLOSS GRIPSHOLM**
Tucholskys entzückende Idylle am See Mälaren, wo im Sommer Dampfschiffe und Dampfloks zu Ausflügen starten ➤ S. 53

SIGHTSEEING

Einen Überblick über aktuelle Ausstellungen, Veranstaltungen, Restaurants und In-Läden gibt es im Internet auf *visitstockholm.com.* Mehr als ein Dutzend staatliche Museen in Stockholm sind übrigens gratis *(Liste: short.travel/swe45).* Oft lohnt sich der Go-Stockholm-Pass *(für 1, 2, 3 oder 5 Tage | gocity.com/stockholm/de-us)*: Der Eintritt zu mehr als 60 Sehenswürdigkeiten sowie Boots- und Bustouren sind inbegriffen. Empfehlenswert ist auch ein Mehrtagesticket für den öffentlichen Nahverkehr *(sl.se/en/).*

1 GAMLA STAN ★

Die Altstadt ist das historische und sehr charmante Zentrum Stockholms. Hier begann die Geschichte der Stadt Mitte des 13. Jhs. Die denkmalgeschützten, zum größten Teil 300 bis 400 Jahre alten Bauten säumen Gassen und Plätze. Die typische Hansearchitektur, die Deutsche Kirche und viele Inschriften erinnern an die Bedeutung deutscher Kaufleute. Den Kern der Altstadt bildet Stortorget, der frühere Marktplatz, wo auch das Nobelmuseum liegt. Auf dem Hof des königlichen Schlosses wird täglich die Wachablösung *(Mo–Sa 12.15, So 13.15 Uhr)* in Szene gesetzt. Willst du gut sehen, solltest du dich im Sommer mindestens 30 Minuten vor Beginn strategisch gut nahe an den Ketten im Innenhof platzieren. Das *Schloss (Mai–Sept. tgl. 10–17 Uhr, Okt.–April 10–16 Uhr | Eintritt 180 SEK | kungligaslotten.se)* kann besichtigt werden. *c-d 4-6*

INSIDER-TIPP
Den Massen ein Schnippchen schlagen

WOHIN ZUERST?

Die Altstadt *(Gamla Stan)* ist ein idealer Ausgangspunkt. Von hier bist du schnell auf der Szeneinsel Söder, oder du setzt mit der Fähre zur grünen Museumsinsel Djurgården über. Zum Shoppen gehst du die Västerlånggatan und dann die Fußgängerzone Drottninggatan entlang. Das Auto lässt du am besten außerhalb der Stadt stehen. Muss es trotzdem mit, so bietet sich als zentraler – und teurer! – Parkplatz „Gallerian P-Huset“ an der Regeringsgatan 15 ganz im Zentrum an.

2 NOBELMUSEET

Hier, mitten in der Altstadt, erfährst du alles über den Menschen Alfred Nobel und die Nobelpreisträger. Auf der Unterseite jedes Stuhls im *Bistro Nobel* findest du die Unterschrift eines Nobelpreisträgers. Doch Achtung! Sitzt du z. B. auf Barack Obamas Stuhl, ist die Gefahr groß, schnell von kriechenden Touristen umgeben zu sein. *Di–So 10–17, Fr bis 21 Uhr | Eintritt 130 SEK | Börshuset Stortorget | nobelprizemuseum.se | 1 ½ Std. | c5*

3 STOCKHOLMER U-BAHN

Die Stockholmer U-Bahn wird mit ihren 110 km gern als die längste Kunstgalerie der Welt bezeichnet. Zum Entdecken brauchst du nur ein U-Bahn-Ticket. Eine Auswahl der 14 schönsten

Rechtzeitig da sein fürs beste Foto: Wachablösung vor dem Schloss in Gamla Stan

INSIDER-TIPP
Unterirdische Kunst

Stationen zeigt *short.travel/swe46*. Besonders toll: die moderne Höhlenmalerei in den „Grottenstationen" Kungsträdgården, Stadion und Rådhuset. *d3–4*

4 PARADOX MUSEUM

Lass dich täuschen! Im Paradox Museum kannst du deinen Augen nicht trauen. Die 70 optischen Täuschungen sind paradox – und extrem instagramtauglich. *Tgl. 10–19, Fr/Sa bis 21 Uhr | Eintritt 195, Kinder 5–12 J. 165 SEK | Sergelgatan 20 | paradoxmuseumstockholm.com | 1 ½ Std. | b3*

5 AVICII EXPERIENCE

Als Avicii revolutionierte der schwedische DJ Tom Berglin die elektronische Tanzmusik. 2018 beging er, nur 28 Jahre alt, Selbstmord. Das interaktive Museum zeigt seine einzigartige Karriere, aber auch ihre Schattenseiten. *Tgl. 10–18 Uhr | Eintritt 220 SEK | Sergelgatan 2 | aviciiexperience.com | 1 ½ Std. | b3*

6 NATIONALMUSEUM

Seit Herbst 2018 strahlt Schwedens größtes Kunstmuseum nach umfassenden Renovierungsarbeiten in neuem Glanz. Allein schon das Ambiente macht es besuchenswert, dazu gibt es Kunst und Design aus mehreren Jahrhunderten sowie die Meisterwerke des schwedischen Nationalmalers Carl Larsson. *Juli/Aug. Di–So 10–17, Sept.–Juni Di–Fr 11–17, Do bis 20 Uhr, Sa/So 10–17 Uhr | Eintritt frei | Södra Blasieholmshamnen | nationalmuseum.se | 3 Std. | d4*

7 MODERNA MUSEET

Schwedens bekanntestes Kunstmuseum beherbergt Werke von Marcel Duchamp, Pablo Picasso, Salvador Dalí und Louise Bourgeois. Im kleinen Park stehen die witzigen Skulpturen des Künstlerpaars Jean Tinguely und Niki de Saint Phalle. Bildschön ist der Blick vom Museumscafé übers Wasser zur Insel Djurgården. *Di/Fr 10–20, Mi/Do/Sa/So 10–18 Uhr | Eintritt frei | Skeppsholmen | modernamuseet.se | ⏲ 2 ½ Std. | 🕮 e5*

8 DJURGÅRDEN ★

Djurgården (= Tiergarten), die drittgrößte Insel Stockholms und einst das königliche Jagdrevier, ist eine einzigartige Mischung aus Museumsinsel und Naherholungsgebiet. Praktischerweise liegen Hauptsehenswürdigkeiten wie das Vasamuseum, das Freilichtmuseum Skansen oder das Abba-Museum dort nah beieinander. Nach Djurgården kommst du entweder vom edlen Strandvägen über die Brücke oder von der Altstadt aus mit der Fähre (Teil des ÖPNV). Miete an der Brücke beim Sjöcaféet *(sjocafeet.se)* ein Fahrrad, damit kannst du die Insel am besten erkunden. Gleich hinter der Brücke liegt das Völkerkundemuseum *Nordiska Museet (Juni–Aug. tgl. 10–17, Sept.–Mai, Mi bis 20 Uhr | Eintritt 140 SEK | nordiskamuseet.se)*. Wikingergeschichte light bietet das interaktive Erlebnismuseum *Vikingaliv (tgl. 10–18 Uhr | Eintritt 179, Kinder 7–15 J. 139 SEK | Djurgårdsvägen 48 | thevikingmuseum.com)*. In einer 11-minütigen Zugfahrt geht es u. a. mit den Wikingern auf Pländertour.

INSIDER-TIPP
Mit dem Fahrrad siehst du besser

Glitzernde Welt der Popmusik und 70er-Jahre-Hits vom Feinsten: Abba-Museum

Bist du von den Erlebnissen auf Djurgården erschöpft, empfiehlt sich ein Besuch im Café des *Ökogartens Rosendals Trädgård (tgl. 11–16 | rosendalstradgard.se)*.

INSIDER-TIPP
Apfelkuchen unter Apfelbäumen

Auf der Wiese unter den Obstbäumen schmeckt der Kuchen besonders gut. *f3–6*

9 JUNIBACKEN

Im Kindermuseum Junibacken wird die Welt von Astrid Lindgren lebendig. Du kannst Pippi Langstrumpf in der Villa Kunterbunt treffen. Ein Märchenzug hilft beim Erforschen. Auch liegt dort Schwedens größte Kinderbuchhandlung (Zugang auch ohne Museumsbesuch möglich). *Juli–Mitte Aug. Mo–Do 9–18, Fr–So 9–17, Mitte Aug.–Juni tgl. 10–17, Sa 9–17 | Eintritt 225, Kinder 2–15 J. 180 SEK | Galärvarvsvägen | junibacken.se | e4*

10 VASAMUSEET ★

Hier musst du hin! Nicht umsonst ist das Vasamuseum ist mit seinen fast 1,5 Mio. Besuchern pro Jahr das beliebteste Museum Stockholms. Im Halbdunkel stehst du hier der Vasa gegenüber: fast 400 Jahre alt, 70 m lang und zu 95 % original. Bau, Bergung und Bedeutung des Kriegsschiffs, das 1628 auf seiner Jungfernfahrt sank, sind auch für Leute mit wenig Interesse an Geschichte faszinierend.

INSIDER-TIPP
Die Wunder der Vasa ganz entspannt

Schau dir den informativen Einführungsfilm an (20 Min., auch auf Deutsch), und besuche die Vasa im Sommer nach 15 Uhr! Dann ist es in der Regel ruhiger. *Juni–Aug. tgl. 8.30–18, Sept.–Mai tgl. 10–17, Mi bis 20 Uhr | Eintritt 190, Kombiticket mit Vrak 290 SEK | Galärvarvsvägen 14 | vasamuseet.se | 2 ½ Std. | f4*

11 VRAK – MUSEUM OF WRECKS

Noch mehr Wracks gibt es im Wrackmuseum zu sehen – direkt vor Ort oder auf digitaler Tauchtour. *Tgl. 10–18, Mi bis 20 Uhr | Eintritt 185 SEK, Kombiticket mit Vasamuseum 290 SEK | Djurgårdsstrand 17 | vrak.se | f4–5*

12 ABBA – THE MUSEUM ★

Die beliebteste und erfolgreichste schwedische Pop-Band aller Zeiten hat ein eigenes Museum. Dank modernster Technik kannst du zum fünften Bandmitglied werden, mitsingen und mitfiebern. In der Hochsaison empfiehlt es sich, Tickets online für eine bestimmte Besuchszeit zu reservieren. *Jan–März tgl. 10–17, April/Mai u. Sept.–Dez. tgl. 10–18, Do bis 20, Juni–Aug. tgl. 10–20 Uhr | Eintritt 280 SEK | Djurgårdsvägen 68 | abbathemuseum.com | 1 ½ Std. | f5*

13 GRÖNA LUND

Die lila Achterbahn und den 95 m hohen Free-Fall-Tower Ikaros in diesem traditionsreichen Vergnügungspark siehst du von Weitem. Falls du dich nicht auf den Ikaros traust, gibt es noch Kettenkarussells, Marienkäferbahnen, Cafés und Restaurants. *Juni–Mitte Aug. tgl. 10–22 Uhr | Eintritt je nach Saison Erw. und Kinder ab 10 J. mit Fahrten 295–525 SEK, andere Optionen s. Website | Lilla Allmänna Gränd 9 | gronalund.se | f5–6*

14 SKANSEN ★

In diesem Freilichtmuseum siehst du Elche, Bären und andere nordische Tiere aus nächster Nähe. In den rund 150 kulturhistorischen Gebäuden aus allen Teilen Schwedens erlebst du die Welt von früher, einschließlich Knäckebrotbacken und Glasblasen. Im Juni findet in Skansen das traditionelle Mittsommerfest statt *(geöffnet bis 22 Uhr)*, im Winter ein Weihnachtsmarkt. Im Restaurant *Sollidens Matsal* – nicht verwechseln mit dem SB-Restaurant im selben Gebäude! – kannst du an bestimmten Tagen sowie an Mittsommer und in der Weihnachtszeit das typische *smörgåsbord* essen. Unbedingt vorbestellen auf *skansensrestauranger.se*! Von den Höhen Skansens hat man einen phantastischen Blick auf die Stadt. *Mai–Sept. tgl. 10–18 Uhr, andere Monate s. Website | Eintritt Hochsaison Mitte Juni–Mitte Aug. 220, Rest des Jahres 125-195, Kinder ganzjährig 70 SEK | Djurgården | skansen.se/de/deutsch | 3 Std. | f5*

15 STADSHUSET

Das Rathaus ist das Wahrzeichen der schwedischen Hauptstadt. Jedes Jahr am 10. Dezember, dem Todestag Alfred Nobels, findet in der blauen Halle und dem goldenen Saal das feierliche Nobeldinner statt. Das sehenswerte Gebäude kann nur im Rahmen einer Führung besucht werden. *Führungen auf Englisch (im Sommer auch deutschsprachige Führungen): Sept.–Mai. stdl. 10–15 Uhr, Juni–Aug. alle 30 Min. 10–16 Uhr | 130 SEK.* Unbedingt lohnenswert ist ein Besuch des Turmes mit seiner goldenen Kuppel und den drei Kronen. Die Aussicht über die Stadt ist einzigartig. Die Besucherzahl pro Aufgang ist begrenzt, kauf deine Tickets am besten am Tag deines Besuchs um 8.30 Uhr, wenn die Kasse am Turm öffnet. Käufe im Voraus sind nicht möglich. *Turm: Einlass Juni–Aug. tgl. 9.10, 9.45, 10.30, 11.15, 12.00, 12.45, 13.30, 14.15, 15.00, 15.45 Uhr | Eintritt 80 SEK | Hantverkargatan 1 | stockholm.se/stadshuset | a–b4*

INSIDER-TIPP
Gute Aussicht für frühe Vögel

16 SÖDERMALM

Die größte Insel Stockholms ist ohne Zweifel der hippste und coolste Stadtteil der Hauptstadt. Rund um Nytorget, Medborgarplatsen und Götgatan sind die angesagtesten Läden und Cafés. Und auf Söder, wie der Stadtteil bei den Einheimischen heißt, gibt es auch phantastische Aussichtspunkte. Beginne deine Tour am Mariatorget beim Hotel Rival, das Ex-ABBA Benny Andersson gehört. Weiter über den *Hornsgatspuckeln (Hornsgatan 24–50)* mit seinen kleinen Galerien und originellen Läden (Schmuck, Tee, Kleider) zum *Monteliusvägen* mit tollem Blick über die Stadt und den See Mälaren. Oder mach es wie die Stockholmer und genieß Aussicht und den Sonnenuntergang bei einem Picknick auf Stockholms höchstem Berg *Skinnarviksberget*. Wer lieber die Ostseeseite Stockholms sehen will, geht zur *Fjällgatan*. Tagsüber wimmelt es hier nur so von Touristen, die in Bussen angekarrt werden. Aber ab ca. 18 Uhr gehört der Panoramablick dir – und ein paar Möwen. *a–f6*

Straßenkunst umsonst und draußen: Snösätra Graffiti

17 FOTOGRAFISKA ★

Das private Museum für Fotografie ist einer der größten Treffpunkte für moderne Fotografie weltweit. Das Café im obersten Stock bietet eine der schönsten Aussichten über Stockholm. Ungewöhnlich sind auch die Öffnungszeiten: *Tgl. 10–23 Uhr | Eintritt 210 SEK | Stadsgårdshamnen 22 | fotografiska.com | 2 ½ Std. | e6*

18 SNÖSÄTRA GRAFFITI WALL OF FAME

Abseits der Touristenpfade gibt es im ehemaligen Industriegebiet von Rågsved eine der größten Graffiti-Ausstellungen Europas anzuschauen. Künstler aus der ganzen Welt haben grauen Beton in bunte Graffitis verwandelt. Das Ergebnis: Die Snösätra Wall of Fame. Sie ist das ganze Jahr über zu sehen. Jeden Mai gibt es ein großes Festival. *Snösätragränd 1 Högdalen | kulturkvartersnosatra.com | U-Bahn-Station Högdalen oder Rågsved (grüne Linie nach Högsätra) ca. 25 Min., dann 15 Min. zu Fuß | 0*

INSIDER-TIPP
Graffiti total legal!

ESSEN & TRINKEN

TRADITION

Schwedische Klassiker wie Fleischbällchen (klar!), Kabeljau und Krabbentoast, aber auch Rentiercreme und gefüllte Kartoffelklöße. Unter der Woche mittags preiswertere Tagesgerichte. Unbedingt reservieren! *Mo–Fr 11.30–23, Sa/So 12–23 Uhr | Österlånggatan 1 | Tel. 08 20 35 25 | restaurangtradition.se | €€ | d5*

BRÖD & SALT

Perfekt für einen süßen oder salzigen Snack sind die 17 Läden dieser Stockholmer Kette. Am besten genießt du der Schweden liebstes Gebäck – die

INSIDER-TIPP **Zimtschnecke am Wasser**

Zimtschnecke!, – in der Filiale direkt am Fähranleger in der Altstadt. Probier auch mal ie Kardamomschnecke oder eine Sauerteigpizza. Das Ganze im Freien mit Blick auf Boote, Kreuzfahrtschiffe und die Ostsee. Wer braucht mehr? *Mo–Fr 7–20, Sa/So 9–20 Uhr | Tullhus 3 Skeppsbrokajen | brodsalt.se | € | d6l*

HERMANS

„Give Peas a Chance" –„Gebt Erbsen eine Chance" hat sich das Hermans auf die (Speise-)Karte geschrieben. Das vegane Buffet ist den Preis wert, die grandiose Aussicht über Innenstadt und Hafeneinfahrt gratis. *Tgl. 11–22 Uhr | Buffet 258, mittags 168 SEK | Fjällgatan 23b | Tel. 08 6 43 94 80 | hermans.se | e6*

SKROTENS CAFÉ OCH SKEPPSHANDEL

In dem originellen Café auf Djurgårdens früherem Werftgelände kannst du nicht nur leckere Snacks genießen (z. B. gegrillte Sandwiches, Fischsuppe), sondern auch altes Bootszubehör kaufen. Wenn Josefin Arrhénborg und Maria Rindstam nicht in der Küche stehen, verschrotten sie Boote. *Tgl. 11–18, Mi bis 21 Uhr | Beckholmsvägen 14 | Djurgården | Tel. 0703 80 80 80 | skrotens.se | €–€€ | 0*

SHOPPEN

Die großen Einkaufsstraßen findest du in der Nähe von *Sergels Torg (U-Bahnstation T-Centralen c3)*. Dort liegt auch das *Kaufhaus Åhlens*. Edler und teurer ist das Kaufhaus *Nordiska Kompaniet (NK)* in der *Hamngatan*. Von Norden nach Süden durchzieht die Fußgängerzone in der Drottninggatan die Stadt. Noble Modeboutiquen haben sich in der *Biblioteksgatan* und der *Birger Jarlsgatan* angesiedelt. In *Gamla Stan* gibt es v. a. Touristenläden, die Souvenirs wie Dalapferdchen und Buttermesser verkaufen, in *Södermalm* rund um die *Folkungagatan* Modeboutiquen.

MARKTHALLEN

INSIDER-TIPP **Elch in Wurstpelle**

In den beiden großen Markthallen findest du auch Wildläden, die Ren, Elch und auch Bär, lecker geräuchert oder als Wurst, verkaufen. Vegetarier setzen wohl eher auf eingelegte Moltebeeren. Im Zentrum liegt *Hötorgshallen (Mo–Do 10–18, Fr 10–19, Sa 10–16 Uhr | Sergelgatan 29 | Hötorget, Untergeschoss | b3)*. Im Nobelviertel Östermalm findest du *Östermalms Saluhall (Mo–Fr 9.30–19, Sa 9.30–17 Uhr; Restaurants länger | Östermalmstorg | d2)*. Hier trifft sich die Schickeria.

SCIENCE-FICTION-BOKHANDELN

Ein Mekka für Science-Fiction-Fans mitten in der Altstadt. Bücher, DVDs, Spiele und massenhaft Fanartikel. *Västerlånggatan 48 | sfbok.se/kontakt/stockholm | c5*

SCHWEDISCHES DESIGN

Postkarten, Küchenkram, Schmuck und anderes cooles Design findest du in den Läden von *Designtorget (z. B. Götgatan 31, im Kulturhuset am Ser-*

gels Torg oder am Hauptbahnhof | designtorget.se). Schönes und Praktisches bietet Iris Hantverk an *(irishantverk.se | Kungsgatan 55 oder Västerlånggatan 24).* Stehst du auf moderne Klassiker wie Bruno Frank oder Carl Malmsten? Dann ist *Svenskt Tenn (Strandvägen 5 | svenskttenn.se | d3)* ein Muss. In „SoFo", südlich von Folkungagatan auf Södermalm sind Fablab *(Bondegatan 7 | fab-lab.nu)* und Tambur *(Folkungagatan 85 | tamburstore.se)* beliebt – nach Schnäppchen suchst du da aber vergeblich.

SPORT & SPASS

FAHRRÄDER UND TRETBOOTE

An der Brücke zu Djurgården werden bei *Djurgårdsbrons Sjöcafé* Fortbewegungsmittel vermietet, die keinen Lärm machen und sich prima eignen, Stockholms Natur zu entdecken. *Fahrrad 80 SEK/Std., Tretboot 200 SEK/Std., Kajak 140 SEK/Std.; Tagesmiete 300–400 SEK | Galärvarvsvägen 2 | Tel. 08 6 60 57 57 | sjocafeet.se | f4*

KANUFAHREN

INSIDER-TIPP
Im Takt der Wellen

Eine Stadt am Wasser lässt sich prima vom Wasser aus entdecken. Wie wäre es also mit einer Kanu- oder SUP-Tour? In der Stadt empfiehlt sich die Insel Långholmen im See Mälaren als Startpunkt. *Långholmen Kajak (Juli/Aug. tgl. 10–21, Sept. 11–20 Uhr | SUP oder Kajak 270 SEK für 2 Std. | Alstaviksvägen 3 auf Långholmen | langholmenkajak.se)* vermietet Kajaks und bietet geführte Touren an.

Ein Rad geschnappt und über die Brücke nach Djurgården geradelt

Du magst es gern noch sportlicher? An einem Ostseeausläufer gelegen, eignet sich der *Kanuklub Brunnsvikens Kanotcentral (Kanu f. 1 Pers. 160 SEK/2 Std., 320 SEK/Tag | Frescati Hagväg 5 | Tel. 08 15 50 60 | short.travel/swe44)* als Ausgangspunkt für Touren durch die Schären. *0*

STOCKHOLM ZU PFERD

Ein Morgenritt, wenn die Stadt langsam aufwacht, oder eine Tour auf der

Erst in die Warteschlange, dann feiern: Open-Air-Club Trädgården

Insel Djurgården (auch für Anfänger) – Reiten ist in Schweden populär und du kannst es auch versuchen. *Ausritte ab 750 SEK | Hunduddsvägen 2 | stockholmbyhorse.se | 0*

SEGWAYS

Sightseeing ohne Anstrengung, aber an der frischen Luft – das verspricht eine Segwaytour. Anbieter sind z. B. *ourwaytours.com* und *stockholmadventures.com*.

„MILLENNIUM"-TOUR

Du hast die Millenium-Krimis von Stieg Larsson gelesen oder die Filme gesehen und willst wissen, wo die Wohnung von Lisbeth Salander liegt? Dann kauf dir den „Millennium"-Stadtplan und begib dich auf Spurensuche. Die Karte *(40 SEK, auch auf Deutsch)* gibt es im Stockholmer Stadtmuseum *(Ryssgården | Slussen | stadsmuseum.stockholm.se). c–d6*

STRÄNDE

Mitten in der Stadt liegt auf der Insel Långholmen ein kleiner, aber feiner Badestrand. Daneben im idyllischen Café *Stora Henriksvik (Ende Juni–Mitte Aug. tgl. 11–17, Mitte Aug.–Sept. Sa/So 11–17 Uhr | Långholmsmuren 21 | storahenriksvik.se | € | 0)* gibt's einfache Tagesgerichte, leckeren Kuchen, Saft und Kaffee.

INSIDER-TIPP
Ökokuchen unterm Baum

WELLNESS

CENTRALBADET

Im Zentrum kannst du in diesem Original-Jugendstilbad deine Bahnen ziehen. Außerdem sorgen Spa, Sauna, Sonnenterrasse und Meditationsraum für Wohlbefinden. Im angeschlossenen *Café Ecobaren* serviert man Rawfood und Essen mit Healingeffekt.

INSIDER-TIPP **Licht für die Seele**

Und im Winter soll eine Lichttherapie neue Energie spenden. Geh am besten wochentags am Vormittag hin! Dann ist es am ruhigsten – und am billigsten. *Mo–Fr 7–20.30, Sa/So 8–19.30 Uhr | Eintritt Mo–Do 410 SEK, Fr–So 550 SEK | Drottninggatan 88 | centralbadet.se | b2*

AUSGEHEN & FEIERN

Wer es lässig mag, ist in *Södermalm* gut aufgehoben. Die Gegend um *Stureplan* herum ist dagegen sehr schick, das Schlachthausviertel als Ausgehviertel groß im Kommen. Vor den Clubs bilden sich ab 23 Uhr meist Schlangen.

URBAN DELI TAKBAREN

Versteckte Dachterrasse mit Bar, Skulpturenpark und traumhaftem Blick auf die Stadt. Genau das Richtige für einen Drink in der Abendsonne! *Sommer tgl. 11.30–22 Uhr | Sveavägen 44 | Tel. 0739 42 59 90 | b2*

BERNS

Klassisch (und schick) ist es im Berns in der Nähe des Nybroplan. Hier traf sich schon zu August Strindbergs Zeiten die Stockholmer Künstlerszene. Der Nightclub des Hauses öffnet täglich gegen 23 Uhr. *Tgl. | Eintritt 150–200 SEK | Berzelii Park | Tel. 08 56 63 22 00 | berns.se | d3*

TAK

Der Name ist Programm. Das Tak, auf Deutsch „Dach", befindet sich auf 50 m Höhe – die Stadt liegt dir zu Füßen. In der schicken Bar gibt es Cocktails wie „Sesame Street" (japanischer Whisky mit Sesam). Auf der Terrasse setzt man auf Musik, Tanz und Kultur. Und das ausnahmsweise ohne Eintritt und Gesichtskontrolle. *Mo–Fr 11.30–14.30, Fr zusätzlich 15–01, Sa 12–01 Uhr | Brunkebergstorg 4 | tak.se | c4*

SÖDRA TEATERN/MOSEBACKE

Hoch auf den Klippen (Panoramablick!) bietet dieses alte Theater mehrere Bars und Clubs, außerdem Konzerte. Das Programm findest du auf der Homepage. Tagsüber kannst du auf der Terrasse in Stockholms bestgelegenem Biergarten die wunderbare Aussicht kostenlos genießen. *Öffnungszeiten von Veranstaltung abhängig | Mosebacke Torg 3 | sodrateatern.com | d6*

INSIDER-TIPP **Bier und Ausblick**

TRÄDGÅRDEN

Eine von Stockholms beliebtesten Sommerlocations ist dieser Open-Air-Club unter der Skanstullbrücke auf Södermalm. Warnung: Die Warteschlangen sind oft lang! *Di–Fr 17–03, Sa 14–03, So 17–01 Uhr | Eintritt bis 19 Uhr gratis, danach je nach Uhrzeit und Event 100–250, Sa ab 16 Uhr 200 SEK | Hammarby Slussväg 2 | tradgarden.com | 0*

SLAKTHUSET

Vom Schlachthaus zum Nightclub. Hier erwarten dich mehrere Tanzflächen, Musik von RnB über Techno zu House und im Sommer eine 600 m² große Dachterrasse. *Tgl. 16–22, bei Events bis 03 Uhr | Slakthusgatan 6 | Johanneshov | slakthuset.nu | 0*

RUND UM STOCKHOLM

STOCKHOLMER SCHÄREN ★

20 km von Stockholm bis Vaxholm: 1 Std. mit dem Boot; 50 km bis Sandhamn: 2 Std. 10 Min. mit dem Boot

Eine Fahrt in die Schären ist ein Muss. Über 24 000 Inseln und Inselchen liegen zwischen Stockholm und dem offenen Meer. Dort kann geschwommen, gesegelt und sonnengebadet werden. Berühmtestes Ziel ist Sandhamn mit seinem großen Segelhafen. Hier spielen auch die „Mord im Mittsommer"-Krimis von Viveca Sten. Am flexibelsten bist du bei einem Ausflug nach Vaxholm. Die Fähren dorthin verkehren häufig, und du bestimmst selbst, wie lange du auf Vaxholm bleiben möchtest. Das frisch renovierte *Hembygdsgårdscafe (facebook: vaxholmshembygdsgardscafe)* am Wasser hat das beeindruckendste Kuchenbuffet der Schären!

Ausflugsboote in die Schären fahren von Nybroplan und Strömkajen *(stromma.com, waxholmsbolaget.se)* ab. Meistens handelt es sich dabei um Rundtouren – du kannst also nicht aussteigen. Willst du Kultur und Natur verbinden, bietet sich das Kunstmuseum *Artipelag (tgl. 11–18 Uhr | Eintritt je nach Ausstellung | eigene Busse vom Hauptbahnhof, Vasagatan 24, zum Museum, 50 SEK/25 Min. | Mai–Sept. Anfahrt per Boot (stromma.com) | artipelag.se)* an. Das private Museum des Erfinders der Marke BabyBjörn besticht mit toller Lage, einem Skulpturenpark, spektakulärer Architektur, wechselnden Ausstellungen und leckerem Essen. *F13–14*

INSIDER-TIPP
Museum mit allem

SCHLOSS DROTTNINGHOLM ★

13,5 km von Stockholm/1 Stunde mit dem Ausflugsboot von Klara Mälarstrand (U B4) oder 30 Min. mit dem Auto über die 271

Das gelbe Barockschloss am Wasser ist der Wohnsitz von König Carl Gustaf und Königin Silvia. Ein Besuch im nicht bewohnten Teil gibt einen spannenden Einblick in das Leben des schwedischen Hofes. Im weitläufigen Park stehen das China-Schloss und das Schlosstheater aus dem 18. Jh. Die einzigartige Bühnentechnik mit Donnermaschine und versenkbaren Kulissen ist im Original erhalten. Am schönsten näherst du dich Drottningholm auf einer Bootstour *(400 SEK inkl. Eintritt Schloss | Dauer: ca. 5 Std. | stromma.com)* vom Zentrum aus. *Park und Schloss April/Okt. tgl. 10–16, Mai–Sept. tgl. 10–17, Nov–März Sa/So 10–16 Uhr | Eintritt 140 SEK | kungligaslotten.se | 3 Std. | E13*

INSIDER-TIPP
Mit dem Schiff zu Silvia

BIRKA

30 km westlich von Stockholm/2 Std. mit dem Boot

Auf *Björkö* (Birkeninsel) hatten die Wikinger einen ihrer wichtigsten Handelsplätze. Heute sind noch Überreste der damaligen Bebauung und ein großes Gräberfeld zu sehen. Das *Birkamuseet* informiert anschaulich über die Geschichte der Stadt

und den Alltag ihrer damaligen Bewohner. *Im Sommer per Boot von Stockholm aus erreichbar | Mai–Sept. Boot u. Museum 475 SEK, nur Museum 110 SEK | birkavikingastaden.se |* *E13*

SCHLOSS GRIPSHOLM ★

66 km westlich von Stockholm/1 Std. mit dem Auto über die E20, 4 Std. mit dem Boot

Kurt Tucholsky schrieb 1931 mit „Schloss Gripsholm" eine Hommage an seine schwedische Exilheimat. Mit seinem Roman machte Tucholsky Gustav Wasas festungsartiges Schloss aus dem 16. Jh. weit über die Landesgrenzen hinaus bekannt. Das idyllische Städtchen Mariefred (4000 Ew.) mit dem massiven Bau liegt direkt am See Mälaren, Tucholsky ist auf dem dortigen Friedhof begraben. Von Stockholm aus im Sommer auch per Dampfer *(stromma.com)* erreichbar. *April/Okt./Nov. Sa/So 12–15, Mai–Sept. tgl. 10–16 Uhr | Eintritt 140 SEK | kungligaslotten.se |* *E13*

SCHÖNER SCHLAFEN IN STOCKHOLM

ALTER HOF GANZ MODERN

Im Trendviertel Södermalm liegt *Hellstens Malmgard (49 Zi | Brännkyrkagatan 110 | Tel. 08 46 50 58 00 | hellstensmalmgard.se/Hellstens_Malmgard | €€)*, ein Hof aus dem 18. Jh. Gefrühstückt wird bei schönem Wetter im kleinen Garten, in den Zimmern mischen sich Antiquitäten und knallige Farben.

DER SÜDEN

DER SONNE AM NÄCHSTEN

Logisch, im Süden ist Schweden am wärmsten. Hier findest du viele Strände und die beiden Paradiesinseln Öland und Gotland. Doch zum Süden gehört auch Astrid Lindgrens berühmte Heimat Småland: Bullerbü live mit roten Häusern und ländlicher Idylle.

Im „Glasriket" kannst du den berühmten Glasbläsern bei ihrer Arbeit zuschauen, in Ystad auf den Spuren von Kommissar Wallander wandeln. In Lund, Kalmar und Karlskrona leben Geschichte und Gegen-

Ruhe, Natur und Sandstrände – das ist Öland

wart neben- und miteinander. Und nicht zu vergessen: Schwedens drittgrößte Stadt Malmö hat sich mit der Öresundbrücke zu einem hippen Multikultizentrum gemausert. Kurzum: Der Süden ist abwechslungsreich und spannend. Kein Wunder, dass auch viele Schweden hier Urlaub machen. Ausführliche Informationen über den Süden findest du im MARCO POLO Reiseführer „Südschweden".

DER SÜDEN

Linköping
Vadstena
Tibro
Hjo
Mjölby
E04
Vättern
Ödeshög
ÖSTER-
GÖTLANDS
LÄN
Tidaholm
Nossebro
Falköping
E20
Vårgårda
Gränna
Tranås
Kisa
Mullsjö
Alingsås
Aneby
Ulricehamn
Österbymo
40
Jönköping
Bollebygd
Borås
Vimmerby
12
VÄSTRA
GÖTALANDS LÄN
JÖNKÖPINGS
LÄN
Eksjö
40
Hultsfred
Kinna
Tranemo
Skillingaryd
Vetlanda
Sävsjö
Gislaved
26
Värnamo
HAL-
LANDS
LÄN
Åseda
Hyltebruk
325 km, 4 Std.
Alvesta
Falkenberg
Ljungby
11 Växjö
E06
290 km, 3 Std. 40 Min.
25
Halmstad
25
Lessebo
Glasriket
KRONO-
BERGS LÄN
Kattegat
E20
10 Ikea Museum
Emmaboda
Båstad
Markaryd
Tingsryd
E04
Osby
BLEKINGE
LÄN
3 Kullen
Örkelljunga
Olofström
Höganäs
Hässleholm
Karlshamn
Klippan
2
Helsingborg
SKÅNE
LÄN
Kristianstad
Sölvesborg
Karlskrona
S. 64
Humlebæk
Svalöv
E22
7 Wodka-Brennerei
E06
Hörby
Hanöbukten
København
1 Lund
Sjöbo
Västra Hamnen
Simrishamn
Strand
in Skanör
Malmö
S. 58
Skurup
E65
Ystad
5
Sandhammaren
4
Falsterbo
Trelleborg
6
Ales Stenar
DANMARK
Rønne
50 km
31.08 mi

MARCO POLO HIGHLIGHTS

★ VÄSTRA HAMNEN
Strandleben in Malmös neuem Trendviertel am Hafen ➤ S. 59

★ LUND
Studentisches Flair und eine der schönsten Kirchen des Landes ➤ S. 61

★ ALES STENAR
Das schwedische Stonehenge gibt Rätsel auf ➤ S. 63

★ KARLSKRONA
Schärenparadies und Marinegeschichte in einem ➤ S. 64

★ GLASRIKET
Hier arbeiten die berühmten Glasdesigner ➤ S. 66

★ VIMMERBY
Zu Besuch in der Heimat von Astrid Lindgren ➤ S. 67

★ GOTLAND
Lieblingsinsel der Schweden ➤ S. 67

★ VISBY
Auf den Spuren der mittelalterlichen Hanse ➤ S. 68

★ FÅRÖ
Inseltraum fernab vom Trubel ➤ S. 68

MALMÖ

(📖 B18) **Schwedens drittgrößte Stadt (350 000 Ew.) hat sich seit dem Bau der Öresundbrücke enorm verändert. Die alte Industriestadt ist jetzt ein trendiges Kunst-, Architektur- und Gastronomiezentrum – und multikulti. Ihre Bewohner kommen aus mehr als 150 Ländern.**

Malmö ist zudem die Hauptstadt der Provinz Skåne (Schonen) und die Heimat von Fußballsuperstar Zlatan Ibrahimovic. Der Stadtteil Rosengård, in dem er aufwuchs, gilt heute jedoch eher als Problemviertel. Der historische Stadtkern *(Gamla Staden)* liegt auf einer Insel direkt vor dem Hauptbahnhof. Ausflugsboote schippern über die Kanäle, eine herrliche Art, die Hafenstadt zu erkunden. Wer durch die weitgehend verkehrsberuhigten Gassen schlendert, fühlt sich wie in einer Kleinstadt. Ganz anders der neue Stadtkern: Hier reihen sich Plattenbauten an alte Bürgerhäuser.

WOHIN ZUERST?

Das Auto kannst du im Parkhaus *Bagers Plats* am Hauptbahnhof abstellen. Von dort bist du zu Fuß in wenigen Minuten am **Ribersborgsstrand**. Von hier siehst du das höchste Gebäude Schwedens, den *Turning Torso*, und hast die imposante Öresundbrücke mit Dänemarks Hauptstadt Kopenhagen im Blick. In deinem Rücken liegt die weitgehend autofreie Innenstadt für einen Bummel.

SIGHTSEEING

GAMLA STADEN

In der Altstadt gibt es jede Menge Geschäfte, Cafés und Restaurants, v. a. rund um den Marktplatz *Stortorget*. Keramik, Schmuck und Textilien von lokalen Designern findest du im Laden der *Formargruppen* *(Mo–Fr 11–18, Sa 11–16 Uhr | Engelbrektsgatan 8 | formargruppen.se)*.

INSIDER-TIPP **Ziemlich unwiderstehliches Design**

MALMÖ KONSTHALL

Zeitgenössische, zumeist nordeuropäische Kunst. *Di–So 11–17, Mi bis 21 Uhr | Eintritt frei | St. Johannesgatan 7 | konsthall.malmo.se | ⏱ 1 ½ Std.*

DISGUSTING FOOD MUSEUM

Im Museum des ekligen Essens kannst du 80 „Spezialitäten" aus aller Welt probieren. Was für die einen eine Delikatesse, ist für die anderen purer Horror. Zu essen gibt es neben Fischmilch und Larvenkäse auch den legendären schwedischen *surströmming* (fermentierter Hering). *Sommer tgl. 10–20, Rest des Jahres Mi–So 11–17 Uhr | Eintritt 195 SEK | Södra förstadsgatan 2 | disgustingfoodmuseum.com | ⏱ 1 Std.*

INSIDER-TIPP **Geschmacksexperimente**

MODERNA MUSEET

Malmös zweites Haus für zeitgenössische, vor allem nordeuropäische Kunst – in einem alten Elektrizitätswerk. Das

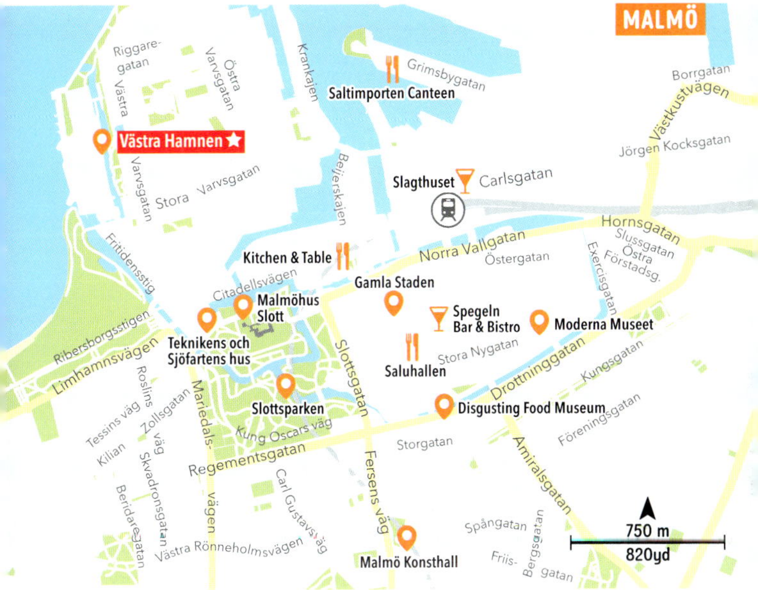

Museum lädt Künstler ein, einige Monate in Malmö zu arbeiten und ihre Werke anschließend auszustellen. *Di–So 11–17, Do bis 19 Uhr | Eintritt frei | Ola Billgrens plats 2–4 | modernamuseet.se/malmo/en/ | 2 Std.*

MALMÖHUS SLOTT

Im ältesten erhaltenen Renaissanceschloss Nordeuropas gibt es außer dem Schlossmuseum auch eine Art Aquazoo sowie Ausstellungen zur Geschichte und Natur. *Di–So 11–17, Do bis 19 Uhr | Eintritt 40 SEK | Malmohusvägen 6 | malmo.se/museer | 2 Std.*

SLOTTSPARKEN

Der Schlosspark am Rand der Altstadt ist das Naherholungsgebiet der Malmöer. Alte Bäume, ein See und Wiesen machen ihn zum beliebten Ziel an freien Nachmittagen und Abenden.

TEKNIKENS OCH SJÖFARTENS HUS

Für Technikfans: Ausgestellt sind im Technik- und Schifffahrtsmuseum Fahrzeuge, Flugapparate, Boote und nautisches Gerät von der Wikingerzeit bis heute. Kinder klettern besonders gern ins U-Boot HM U3. Eine Dauerausstellung zeigt Malmös Entwicklung von der Kaufmanns- und Handwerkerstadt zur Dienstleistungshochburg. *Di–So 11–17, Do bis 19 Uhr | Eintritt 40 SEK | Malmöhusvägen | malmo.se/museer | 1 ½ Std.*

VÄSTRA HAMNEN ★

Der neue Stadtteil im ehemaligen Hafengebiet zeigt die Wandlung Malmös. Stylische Neubauten und lange Strände prägen das Viertel. Hier steht auch das spektakuläre Wahrzeichen der Stadt, der 54 Stockwerke hohe *Turning Torso* – mit 190 m Höhe das höchste Wohnhaus Europas. Im Sommer verwandelt sich der 2,5 km lange Ribersborgsstrand in das Wohnzimmer der Stadt. Es gibt einen FKK-Strand, einen Hundestrand und das Strandbad (s. u.).

WELLNESS

STRANDBAD RIBERSBORGS KALLBADHUS

Schwedische Bad- und Saunatradition in Reinkultur! Auf Stelzen ragt das Badehaus aus dem Meer. Sommers wie winters schwimmst du im Freien. Wenn es zu kalt wird, kannst du dich anschließend in der Sauna aufwärmen. Gebadet wird hier übrigens nackt, die Damen links, die Herren rechts. Das mehr als 100 Jahre alte Strandbad, von den Malmöern liebevoll „Kallis" (kallt = kalt) genannt, geht mit der Zeit. An jedem ersten Montag im Monat ist „*Queer kallis*" – dann sind alle Geschlechtergrenzen aufgehoben. *Mai–Aug Mo–Fr 9–21, Sa/So 9–18, Sept.–April Mo–Fr 10–19, Mi bis 20, Sa/So 9–18 Uhr | Eintritt 75 SEK | Limnhamnsvägen Brygga 1 | Tel. 040 26 03 66 | ribersborgskallbadhus.se*

ESSEN & TRINKEN

Malmö ist – mit mehreren Sternerestaurants – ein Gourmetmekka. Aber auch wer nicht so viel Geld ausgeben will, kann gut essen.

SALTIMPORTEN CANTEEN

Das populäre Restaurant im Hafengebiet hat, ungewöhnlich für Schweden, nur zur Mittagszeit geöffnet. Klassische Gerichte und Vegetarisches, mit einem Touch Luxus, hübsch serviert und preiswert. Die Schlangen vor dem Restaurant werden manchmal lang – aber du bist ja im Urlaub. *Mo–Fr 11–14 Uhr | Hullkajen, Grimsbygatan 24 | saltimporten.com | €*

KITCHEN & TABLE

Grandiose Aussicht über Malmö und den Öresund im Restaurant des schwedischen Starkochs Markus Samuelsson. Die Atmosphäre ist entspannt, die Preise sind akzeptabel, vor allem mittags unter der Woche. Unbedingt reservieren! *Mo–Fr 11.30–14, Mo–So 17–22 Uhr, Sky Bar tgl. ab 17 Uhr | im Hotel Clarion | Dag Hammarskjölds Torg 2 | Tel. 040 20 75 00 | kitchenandtable.se/malmo | €€*

SALUHALLEN

Auch die Markthallen in der Altstadt sind eine prima Adresse, wenn sich der Hunger einstellt. Hier gibt es gleich eine Handvoll Restaurants. *Mo–Fr 11–20, Fr bis 21, Sa/So 11–17 Uhr | Johan P. Lilla Torg | malmosaluhall.se | €–€€*

AUSGEHEN & FEIERN

SLAGTHUSET

Im alten Schlachthaus nördlich des Hauptbahnhofs trifft sich halb Malmö zum Trinken, Essen, Musikhören und Tanzen. *Jörgen Kocksgatan 7a | Tel. 040 6 11 80 90 | slagthusetmmx.se*

Entspannen zwischen vielfältigen Pflanzen: der Botanische Garten in Lund

SPEGELN BAR & BISTRO

Im Kino aus den 1930ern gibt's Qualitätsfilme (in der Originalversion) und ein Bistro. Du kannst Rote-Bete-Tatar, Pilzpaté oder ein Ziegenkäsesandwich genießen – im Kinosessel oder in der Bar. *Mo–Fr 13.30–23, Sa/So 12–23 Uhr | Stortorget 29 | Tel. 040 125978 | biografspegeln.se*

RUND UM MALMÖ

1 LUND ★

20 km nordöstlich von Malmö/ 15 Min. mit dem Zug

Lund (116 000 Ew.) ist mit seinen mehr als tausend Jahren eine der ältesten Städte Schwedens. Der mächtige Dom aus dem 12. Jh. und die weltberühmte Universität aus dem 17. Jh. bestimmen das Stadtbild. 40 000 Studenten füllen jedes Semester die mittelalterlichen Gassen mit Leben. Am besten spazierst du einfach durch den pittoresken Stadtkern und genießt die Atmosphäre. Ein echtes Prachtstück schwedischer Gartenbaukunst ist der Mitte des 18. Jhs. von Carl Hårleman angelegte Park Lundagård. Fast noch schöner ist der Botanische Garten *(15. Mai–15. Sept. tgl. 6.30–21.30, 16. Sept.–14. Mai 6–20 Uhr | Eintritt frei | botan.lu.se)*. Leg dich zwischen 9000 Pflanzenarten aus neun verschiedenen Klimazonen auf eine Wiese und entspanne. Im *Kafé Botan (Ende Juni–Mitte Sept. tgl. 11–18, Rest des Jahres Sa/So 11–16 Uhr)* kannst

INSIDER-TIPP
Neun Klimazonen auf einen Streich

du eine Kleinigkeit zu dir nehmen. Ein steingewordener Superlativ ist die großartige Domkirche (im Sommer Führungen auch auf Deutsch: *short.travel/swe48)* mit ihrer düsteren Krypta. Laut Legende erstarrte dort der Riese Finn zu Stein, als er in einem Wutanfall den Dom vernichten wollte. Als Säule ist er nun immer noch zu sehen. *visitlund.se* | *B18*

2 HELSINGBORG

65 km nördlich von Malmö/50 Min. mit dem Auto über die E20

Die Geschichte der Hafen- und Handelsstadt Helsingborg (135 000 Ew.) geht bis ins 11. Jh. zurück. Auf einer Anhöhe nahe dem Hafen und dem zentralen Platz Stortorget sind noch Reste der alten Festung *Kärnan* erhalten. Vom Turm bietet sich eine schöne Aussicht über Stadt und Sund. Die älteren Stadtteile mit vielen alten Fachwerkhäusern finden sich nördlich des Stortorget. Helsingborg liegt an der engsten Stelle des Öresunds. An schönen Tagen empfiehlt sich eine kurze Schiffstour über den Sund mit einem Abstecher in die dänische Nachbarstadt Helsingør *(tgl., alle 15 Min. | Tour 110 SEK | forsea.se).* Etwas nördlich liegt *Sofiero (sofiero.se)*, die Sommerresidenz des schwedischen Kronprinzen Oscar. Der Park ist – mit Rhododendronschlucht und prachtvollen Beeten – ein Blumenparadies. *B17*

3 KULLEN

100 km nördlich von Malmö/bis Mölle 1 Std. 20 Min. mit dem Auto über die E20

Eine der schönsten Regionen in Südschweden ist die Halbinsel Kullen. Hier liegen die pittoresken Badeorte Mölle, Viken und Arild. International bekannt sind die Keramikkrüge, -tas-

Ales Stenar: Das geheimnisvolle „Schiff" aus Steinen gibt zahlreiche Rätsel auf

sen und -kannen aus Höganäs. Im *Iitalaa-Outlet (Mo–Fr 10–18, Sa/So 10–17 Uhr | Gärdesgatan 7 | Höganäs | short.travel/swe41)* sind sie günstig zu kaufen. Im Naturreservat Kullaberg *(Besucherzentrum Naturum April–Juni u. Sept./Okt. tgl. 11–16, Juli/Aug. tgl. 10–17.30 Uhr | kullabergsnatur.se)* an der Spitze der Halbinsel lässt es sich sehr schön wandern – hier fallen die Klippen bis zu 70 m tief ins Meer. Eine Institution ist das gemütliche Sommercafé *Flickorna Lundgren på Skäret (Ende März–Anfang Sept. tgl. ab 10 Uhr | Skäretvägen 19 | Skäret | Tel. 042 34 60 44 | flickornalundgren.se)*, das schon 1938 gegründet wurde – von sieben Schwestern. *B17*

INSIDER-TIPP
Nur für Schwindelfreie

4 FALSTERBO

35 km südlich von Malmö/40 Min. mit dem Auto über die E22

Die Halbinsel gilt unter Vogelexperten als Geheimtipp: Mehrere hundert Millionen Zugvögel, die im Frühjahr nach Nordeuropa fliegen und sich im Herbst gen Süden aufmachen, legen hier einen Zwischenstopp ein oder überfliegen die Halbinsel in tiefer Höhe. Zudem locken 40 km Sandstrand auch Badegäste an. Der Sand am *Strand in Skanör* ist fein wie Mehl, das Wasser flach und ideal für Kinder. Zugvogel-Infos: *Falsterbo Vogelwarte | falsterbofagelstation.se | B18*

5 YSTAD

60 km südöstlich von Malmö/1 Std. mit dem Auto über die E65

In den Gassen von Ystad (29 000 Ew.) verfolgt Schwedens wohl berühmtester Kommissar, Kurt Wallander aus den Krimis von Henning Mankell, seine Täter. Die mittelalterliche Kleinstadt ist ein verschlafenes Nest. Doch gerade in dieser Ruhe besteht ihr Reiz. Die zahlreichen Fachwerkhäuser, die Gassen mit Kopfsteinpflaster und die entspannten Bewohner sorgen für einen schönen Aufenthalt. Besuchenswert sind auch das Franziskanerkloster aus dem 12. Jh. und die daneben liegende St.-Petri-Kirche mit Museum. Hier kannst du dich wie ein Mönch im Mittelalter fühlen. *ystad.se | C18*

6 ALES STENAR ★

80 km südöstlich von Malmö/1 Std. 20 Min. mit dem Auto über die E65

Wer von Ystad aus 16 km die Küste entlangfährt, entdeckt das „Stonehenge Schwedens": Die 59 Steine von Ales Stenar sind in Form eines Schiffs angeordnet und schön gelegen auf einer Anhöhe über dem Dorf Kåseberga. Die tonnenschweren Brocken geben der Wissenschaft bis heute Rätsel auf: Wann wurden sie aufgestellt? Was war ihr Zweck? War es eine Grabanlage oder vielleicht ein Sonnenkalender? Das Raten geht weiter. Steig nach deinem Besuch die Treppen hinunter zum kleinen Hafen von Kåseberga und lass dir im *Kåseberga Café & Bistro (Juli–Mitte Aug. tgl. 10–21, Rest des Jahres tgl. nur für Mittagessen und Kaffee | cafebistro.se)* Streetfood mit Fisch servieren. Du sitzt direkt am Wasser in Gesellschaft vieler Möwen. 10 km weiter östlich findest du den Strand *Sandhammaren*. Im blendend weißen, extrem feinen Sand barfuß zu gehen ist ein Traum. *C18*

7 WODKA-BRENNEREI

130 km nordöstl. von Malmö/1 Std. mit dem Auto über die E22

Österlen, die Gegend nördlich von Ystad, gilt als Kornkammer Schwedens. Raps- und Getreidefelder sowie Obstplantagen bestimmen die Landschaft. Lange Sandstrände garantieren Ruhe. Lebendiger ist es im hübschen Städtchen Åhus, aus dem der Absolut-Wodka kommt. Bei einer Führung durch die Brennerei erfährst du, wie der Wodka in die Designflasche kommt. *Führung (engl.) 95 Min. 365 SEK, Buchung am besten online | Vallgatan 5 | Åhus | absoluthome.com | C18*

KARLSKRONA

(D17) **Schon die Stadt selbst (64 000 Ew.) liegt auf mehreren Inseln verteilt. Hinzu kommen dann noch weitere 2000 im Schärengarten ★ Karlskronas.**

Lange prägte die Marine das Stadtbild. Einige der rund 300 Jahre alten Militärgebäude sind in die Unesco-Weltkulturerbeliste aufgenommen. Doch militärisch kommt die Stadt nicht daher. Im Gegenteil: Karlskrona ist entspannt und sympathisch.

SIGHTSEEING

MARINMUSEUM

Hauptattraktion der Stadt ist das spannende Marinemuseum. Klettere in ein U-Boot oder geh durch den gläsernen Tunnel und bestaune das gesunkene Schiffswrack aus dem 18. Jh. *Mai/Sept. tgl. 10–16, Juni–Aug tgl. 10–17, Okt.–April Di–So 10–16 Uhr | Eintritt frei | marinmuseum.se | 2 Std.*

VARVET

INSIDER-TIPP
Auf der Reeperbahn tags um halb 1

Der südliche Teil der Halbinsel Trossö ist Werftgelände. In der nach Teer duftenden, riesigen Reeperbahn siehst du, wie Reepschläger früher Schiffstaue hergestellt haben. Sie ist mit ihren 300 m nach wie vor Schwedens längster Holzbau. Die Anfang des 18. Jhs. errichteten Trockendocks Lindholmsdock und Polhemsdock waren die ersten ihrer Art im Land und sind bis heute in Betrieb. Während früher bis zu 270 Mann das Dock mithilfe von Ledersäcken per Hand leerten, übernehmen heutzutage Pumpen diese Arbeit. Im Sommer werden Führungen durch das Weltkulturerbe angeboten. *orlogsstadenkarlskrona.se*

ESSEN & TRINKEN

NYA SKAFFERIET

Mit Aussicht auf einen der größten Plätze Schwedens kannst du hier feine Salatbuffets und Häppchen im italienischen Stil genießen. *Mo–Sa 11–15 u. 17–22 Uhr | Rådhusgatan 9 | Tel. 0455 171 78 | nyaskafferiet.se | €–€€*

STRÄNDE

Die Schären von Karlskrona eignen sich hervorragend für einen Badeaus-

Stora Alvaret auf Öland: Das naturbelassene Karstgebiet bietet vielen Vögeln ein Zuhause

flug. Die größeren der Felsinseln wie *Aspö, Tjurkö* und *Sturkö* sind zwar auch mit dem Auto erreichbar, erheblich schöner ist jedoch eine Bootstour.

RUND UM KARLSKRONA

8 KALMAR

90 km nördlich von Karlskrona/ 80 Min. mit dem Auto über die E22

Kalmar (35 000 Ew.) war lange bedeutende Handelsstadt an der Grenze zur ehemals dänischen Provinz Blekinge. Hauptsehenswürdigkeit in der hübschen Küstenstadt ist das wuchtige Schloss, das auf einer eigenen Insel thront. Ursprünglich als Festungsanlage gebaut, wurde die Burg im 16. Jh. von Gustav Vasas Söhnen zu einem prächtigen Renaissancepalast umgebaut. Das Schloss *(April–Juni u. Okt. tgl. 10–16, Juli–Sept. tgl. 10–18 Uhr, Rest des Jahres Sa/So 10–16 Uhr | Eintritt 165 SEK | Kungsgatan 1 | kalmarslott.se)* ist heute ein Museum, die luxuriösen Schlafgemächer sind sehenswert. Eine Brücke verbindet Kalmar mit Schwedens zweitgrößter Insel: Öland. *D17*

9 ÖLAND

110 km nordöstlich von Karlskrona/ 1,5 Std. mit dem Auto über die E22

Du suchst lange Sandstrände, Ruhe und Natur? Dann bist du hier richtig. Die Insel ist nicht so trendig wie ihre große Schwester Gotland, doch wesentlich entspannter. O.k., oft pfeift der Wind über die lange und schmale Insel, aber gleichzeitig hat sie die meisten Sonnenstunden im Land. Besonders ist das *Stora Alvaret* im Süden der Insel. Es ist eine der letzten naturbelassenen Karstflächen Europas. Im Sommer grasen Ölands Kühe auf dem kargen, unbewohnten Kalkplateau, das ein Viertel der Inselfläche ausmacht. Niedrige Steinmauern grenzen die Weiden voneinander ab. Außerdem lockt die artenreiche Vogelwelt viele Ornithologen an.

Auf *Schloss Solliden (tgl., Mitte Mai–Juni 11–17, Juli/Aug. 11–18, Sept. 11–16 Uhr | Eintritt 120 SEK | sollidensslott.se)*, Sommerresidenz der königlichen Familie, kannst du immer am 14. Juli mit Kronprinzessin Victoria Geburtstag feiern. Doch auch sonst ist Solliden mit seinen schönen Gärten sehenswert. In der riesigen Ruine von *Schloss Borgholm (tgl. 10–16, Mai–Aug. bis 18 Uhr | Eintritt 100 SEK, Kinder 12–17 J. 60 SEK | borgholmsslott.se)* wanderst du durch 900 Jahre schwedische Geschichte. Kinder können von Ende Juni bis Mitte August in die Ritterschule gehen.

Der Ökobauernhof *Solberga Gård (Ramsättravägen 45 | Köpingsvik | Tel. 070 4 92 26 34 | solbergagard.se)* verkauft im Selbstbedienungscafé Biokuchen und -obst sowie regionale Spezialitäten wie Sanddornmarmelade oder Käse. D–E 16–17

10 IKEA MUSEUM

130 km westlich von Karlskrona/ 1 Std. 45 Min. mit dem Auto über die E22 und 121

In Älmhult, der unscheinbaren Geburtsstadt von Ikea-Gründer Ingvar Kamprad, begann die schwedische Möbelrevolution. Kannst du dir ein Leben ohne Ivar und Billy, ohne den Kampf mit dem Sechskantschlüssel vorstellen? Eben. 1958 öffnete Ikea hier sein erstes Möbelhaus. Der Rest ist Geschichte – und die erfährst du im Museum. *Tgl. 10–18 Uhr | Eintritt 60 SEK | IKEAgatan 5 | ikeamuseum.com | 2–3 Std. |* *C17*

11 VÄXJÖ

110 km nordwestlich von Karlskrona/ 1,5 Std. mit dem Auto über die 28

Die alte Universitäts- und Handelsstadt (81 000 Ew.) ist Zentrum des ★ *Glasriket* (Glasreich), in dem Schwedens traditionsreiche Glashütten stehen. Zwischen Växjö und Kalmar sind noch mehr als ein Dutzend Glashütten in Betrieb. In vielen kannst du dein eigenes Glas blasen oder zuschauen, wie sich glühender Quarzsand in Glaskunst verwandelt. Die bekannteste Glashütte in Kosta ist *Kosta Boda Glasbruk (im Sommer Führungen Mo–Do 9, 11.30 u. 14, Fr 9 u. 11 Uhr | Erw. 70 SEK | Buchung in der Kosta Art Gallery: Tel. 048 73 45 29 | kostaboda.com/kosta-art-gallery.* Im Juli kannst du im kleinen *Kosta Glas Center (Juli tgl. 11–17 Uhr | Preise z.B. kl. Glas 200, Karaffe 550 SEK | Stora Vägen | Kosta | Tel. 070 68 46 191 | kostaglascenter.se)* bei Lars das Glasblasen selbst ausprobieren und dein Meisterwerk nach 3 Std. mitnehmen.

INSIDER-TIPP Schon mal Glas geblasen?

In Växjö selbst dokumentiert das Haus der Auswanderer, *Utvandrarnas Hus (Juni–Aug. tgl. 10–17 Uhr, Sept.–Mai Di–Fr 10–17, Sa/So 11–16 Uhr | Eintritt 120SEK | kulturparkensmaland.se)*, die größte Emigrationswelle Schwedens.

Buntes Design erzählt Möbelhausgeschichte: Ikea Museum

Zwischen 1850 und 1930 verließen nicht weniger als eine Million Schweden ihr Land, um in Amerika ihr Glück zu suchen. *C16*

12 VIMMERBY ★

220 km nördlich von Karlskrona/ ca. 2,5 Std. mit dem Auto durchs Landesinnere über die 28 und 23 oder an der Küste über die E22 und 34

Von Kalmar sind es gut 130 km bis in Astrid Lindgrens Heimatort (8000 Ew.). Das typische kleine Städtchen liegt mitten in Småland (auf Deutsch: Kleines Land), wo Bullerbü noch lebendig ist. Die Gegend ist ein Outdoor-Paradies mit ihren endlosen Wäldern, glasklaren Seen und – nicht zu vergessen – den kleinen Dörfern mit den roten Häuschen. Im Theaterpark *Astrid Lindgrens Värld (Mitte Mai–Aug. tgl. 10–18 Uhr, übrige Zeit s. Website | Tageskarte Hauptsaison 455, Kinder 3–14 J. 340 SEK | astridlindgrensvarld.se)* werden die Figuren der bekanntesten Kinderbuchautorin der Welt lebendig: In der Villa Villekulla triffst du Pippi. In Lönneberga läuft dir Michel, der in Schweden übrigens Emil heißt, über den Weg, und Bullerbü ist ein einziger großer Spielplatz. *D15*

GOTLAND

(F15–16) ★ **Gotland, die größte Insel der Ostsee, lockt mit einzigartiger Natur und einem deutlich milderen Klima als im Rest des Landes.** In der Ferienzeit von Mitte Juni bis Mitte August machen hier auch die Wärme suchenden Schweden in Scharen Urlaub. Den Rest des Jahres ist es deutlich ruhiger, allerdings haben

Von der Natur geschaffen: Steinskulpturen auf Fårö

dann auch viele der reizvollen kleinen Läden und Cafés geschlossen. In Gotlands einziger Stadt, dem mittelalterlichen Visby, ist jedoch immer etwas los. Eine Besonderheit der Insel sind die *raukar*, bizarr geformte Felstürme, die an den Küsten emporragen.
Nach Gotland kommst du mit der Fähre von Oskarshamn. D16

ZIELE AUF GOTLAND

13 VISBY ★

Gotlands einzige Stadt (23 000 Ew.) war im Mittelalter ein wichtiges Mitglied im Handelsverband der Hanse. Stattliche Häuser zeugen noch immer vom ehemaligen Reichtum der Stadt, deren enge Gassen von einer bis zu 12 m hohen und über 3 km langen Stadtmauer umgeben sind. Der Grundriss Visbys entspricht auch heute noch weitgehend dem vor 700 Jahren, viele historische Gebäude sind erhalten. Besonders sehenswert, da in bestem Zustand, ist die *Gamla Apoteket (Alte Apotheke | Strandgatan)*. Von den einst nicht weniger als 16 Kirchen wird nur noch die Domkirche genutzt, die anderen sind Ruinen oder völlig zerstört. In der ersten Juliwoche trifft sich im Ort seit Olof Palmes Zeiten alles, was sich in Schwedens Politik und Wirtschaft für wichtig hält, zur „Almedalswoche". Dann ist es fast unmöglich, eine Übernachtungsmöglichkeit auf der Insel zu finden.

14 FÅRÖ ★

Kilometerlange Strände, von der Natur geschaffene Felsskulpturen und eine Kirche mit mittelalterlichem Fundament – die Insel Fårö *(8 Min. Fährüberfahrt ab Fårösund)* bietet alle Highlights Gotlands auf kleinstem Raum. Kein Wunder, dass Regisseur Ingmar Bergman die Ostseeinsel 1965 als Zufluchtsort wählte. Zum Arbeiten richtete er sich in der Scheune seines Hauses ein Kino ein. Im *Kulturzentrum Bergmancenter (Mai–Sept. Do–So 12–16, Juni–Aug. tgl. 11–17 Uhr | bergmancenter.se)* erfährst du mehr über die Ikone des schwedischen Films. Der feinkörnige Sandstrand *Sudersand* im Nordosten, bei Familien mit Kindern beliebt, gehört zu den schönsten in Schweden. Ruhiger, wilder und nicht weniger schön ist der Strand *Norsta Auren*. Hier gibt es weder Toiletten noch Restaurants, dafür umso mehr Möglichkeiten zum Nacktbaden.

LÄNSMUSEET GOTLAND

In den Ausstellungen der neun zum *Länsmuseet Gotland (gotlandsmuseum.se)* gehörenden Häuser und historischen Stätten spiegelt sich die künstlerische und kulturhistorische Entwicklung der Insel wider. Im ältesten Museum Gotlands *Fornsalen (Mai–Sept. tgl. 10–18, Okt.–April 10–16 Uhr | Eintritt 150 SEK | Strandgatan 14 | Visby)* sind beeindruckende Schätze aus der Wikingerzeit und mittelalterliche Kirchenkunst zu sehen. Das Kunstmuseum Gotland nutzt zudem einige Räume für Ausstellungen über Malerei, Kunsthandwerk und Design. Im Süden Gotlands liegt *Petes Museigården Di–So Juni 12–16, Juli 12–22, Aug. 12–18 Uhr | Eintritt frei | Hablingbo | facebook: Petes-Museigård)*, ein originalgetreu eingerichtetes Haus aus dem 18. Jh. Auf der Terrasse mit schönem Meerblick gibt's Kaffee und Kuchen. Abends auch oft Konzerte.

INSIDER-TIPP
Kaffeepause in Traumkulisse

ESSEN & TRINKEN

KAPITELHUSGÅRDEN

Ein Wirtshaus wie im Mittelalter – hinter der schweren Holzpforte unweit des gotländischen Museums verbirgt sich ein kleines gastronomisches Paradies. Nicht nur die Rezepte sind alt, es wird auch gegessen wie anno dazumal bei Kerzenlicht und von Holztellern. Das Ganze in einem Gebäude aus dem 13. Jh. *Juli/Aug tgl. | St: Drottensgatan 8 | Visby | Tel. 0498 24 76 37 | kapitelhusgarden.se* | €€

LILLA BJERS GÅRDSKROG

Setz dich in Visby aufs Fahrrad, fahr 7 km nach Süden und du landest auf dem Hof Lilla Bjers. Hier wird Öko großgeschrieben. Knackfrisches Gemüse und Salate, nur eigene und regionale Produkte sorgen für besten Geschmack. Plätze gibt es im Gewächshaus oder im Garten. Reservierung empfohlen. *Tgl. 11.30–14 Lunch, ab 17 Uhr Abendessen, feste Menüs) | Tel. 0498 65 24 40 | lillabjers.se* | €€

SMAKRIKE KROG

In Ljugarn an der Südostküste der Insel sorgen die Wirtsleute Lotta und Rickard Hasselblad für besonders geschmackvolle Erlebnisse. Empfohlen seien u. a. die hausgemachten Teigwaren mit Schafskäse- und Selleriefüllung. *Jan.–März geschl. | Claudelins väg 1 | Tel. 0498 49 33 71 | smakrike.se* | €€€

SCHÖNER SCHLAFEN IM SÜDEN

DIE ETWAS ANDERE SCHULE

Im kleinen Ort Boråkra 10 km nördlich von Karlskrona haben Per und Lotta die alte Volkschule in eine wunderschöne Pension, das *Boråkra B&B (5 Zi. | Boråkravägen 12 | Tel. 070 6 50 15 27 | borakra.se | €€)* verwandelt. Frühstück wird im Garten serviert, ein Bad im (ungeheizten) Pool und die freundlichen Riesenhunde Selma und Indy machen die Idylle perfekt. Per gibt Kurse in Iaido, einer japanischen Schwertkampfkunst.

DIE WESTKÜSTE

AM BESTEN? DER WESTEN!

Bei vielen Schweden heißt die Westküste zwischen der norwegischen Grenze im Norden und Halmstad im Süden *Bästkusten* – beste Küste. Das ärgert zwar die Bewohner der Ostküste, doch unbestritten ist: Keine andere schwedische Region bietet so kontrastreiche Küstenabschnitte.

Feine Sandstrände mit bewachsenen Dünen und felsige Ufer mit Schären wechseln sich ab. In den Ferien flanieren Einheimische und Touristen gleichermaßen die Promenaden entlang, baden im Meer

Im Norden von Schwedens bester Küste: Inseln vor Fjällbacka

und genießen frisch geräucherten Fisch. Kulturhistorischer Höhepunkt sind die Felszeichnungen von Tanum, die zum Unesco-Weltkulturerbe gehören. Vor rund 3000 Jahren ritzten die Menschen der Bronzezeit hier Hunderte von Bildern in die Felsbrocken. Und Göteborg, die zweitgrößte Stadt Schwedens, ist zumindest nach Einschätzung der Göteborger mindestens genau so attraktiv wie Stockholm.

DIE WESTKÜSTE

MARCO POLO HIGHLIGHTS

★ **FESTUNG VON VARBERG**
Uneinnehmbar thront die Festung am Meer ➤ S. 76

★ **FESKEKÖRKA**
In der Göteborger Fischkirche gibt es keinen Pfarrer und keine Kanzel. Hier werden Meerestiere bestaunt, gekauft und selbstverständlich auch gegessen ➤ S. 78

★ **HAGA**
Perfekt für eine ausgiebige Shoppingtour: Göteborgs altes Arbeiterviertel ➤ S. 81

★ **TANUMS HÄLLRISTNINGAR**
Die jahrtausendealten Felszeichnungen sind bestens erhalten – und Unesco-Welterbe ➤ S. 83

★ **AUSTERNSAFARI**
Mit den Fischern hinaus aufs Meer ➤ S. 83

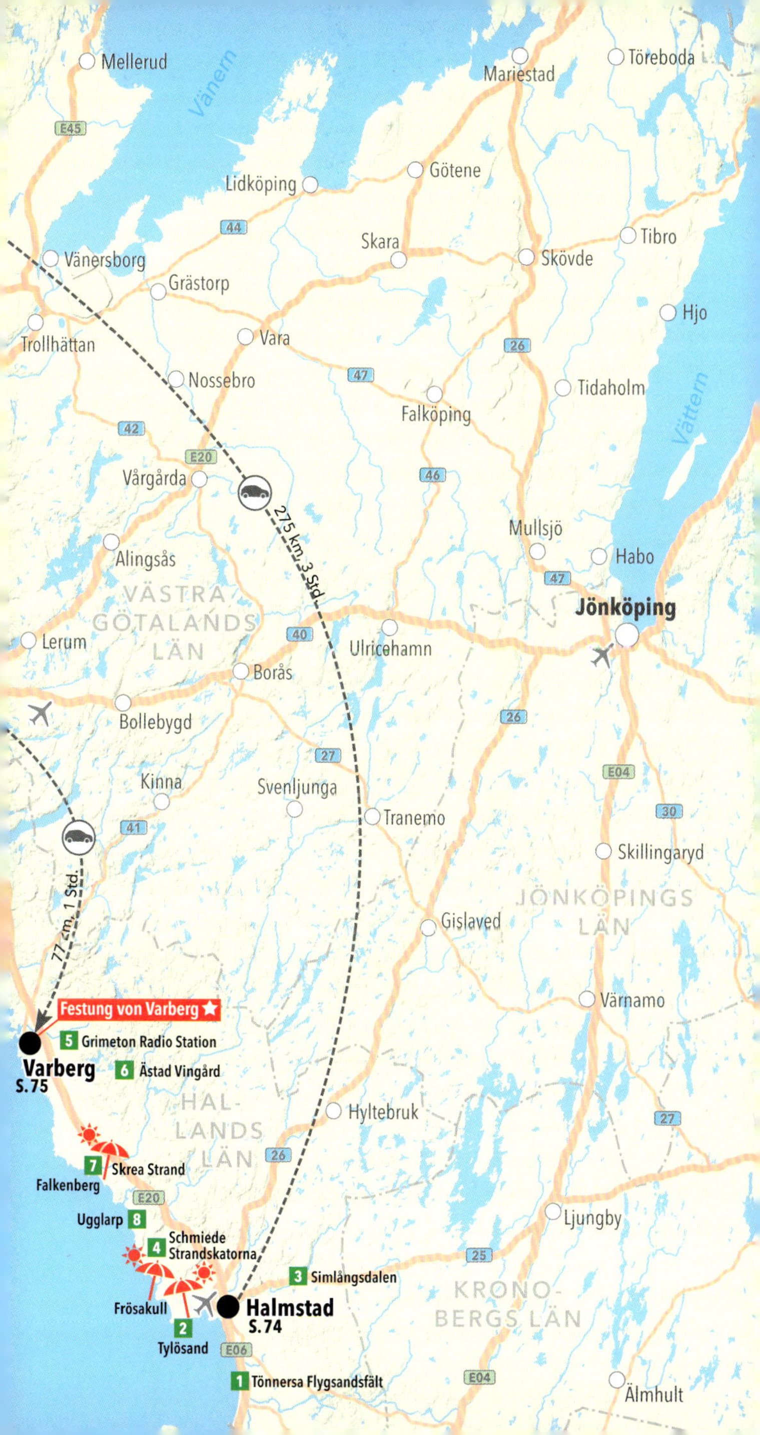

Mellerud
Vänern
Mariestad
Töreboda
E45
Götene
Lidköping
44
Skara
Tibro
Vänersborg
Skövde
Grästorp
Hjo
Trollhättan
Vara
26
47
Nossebro
Tidaholm
Falköping
Vättern
42
E20
Vårgårda
46
275 km, 3 Std.
Mullsjö
Alingsås
Habo
47
VÄSTRA GÖTALANDS LÄN
Jönköping
40
Lerum
Ulricehamn
Borås
Bollebygd
26
27
E04
Kinna
Svenljunga
30
Tranemo
41
Skillingaryd
77 km, 1 Std.
JÖNKÖPINGS LÄN
Gislaved
Värnamo
Festung von Varberg
5 Grimeton Radio Station
Varberg
S. 75
6 Ästad Vingård
HALLANDS LÄN
Hyltebruk
27
26
7 Skrea Strand
Falkenberg
E20
Ljungby
Ugglarp 8
4 Schmiede Strandskatorna
25
3 Simlångsdalen
KRONOBERGS LÄN
Frösakull
Halmstad
S. 74
2
Tylösand
E06
1 Tönnersa Flygsandsfält
E04
Älmhult

HALMSTAD

(🕮 B17) **Die Hafenstadt (95 000 Ew.) ist das Zentrum der Region Halland. Sie erstreckt sich über weite Teile der nördlichen Laholmbucht.**

Im Stadtgebiet gibt es jede Menge Strände und schöne Uferpromenaden. Von den 1920er- bis in die 1970er-Jahre arbeitete in der Stadt die Halmstadgruppe, ein Zusammenschluss surrealistischer Künstler. Ihre Werke schmücken Rathaus und Stadtbibliothek. In einem Park am Ufer des Nissan steht eine Skulptur von Pablo Picasso.

SIGHTSEEING

MJELLBY KUNSTMUSEUM

Nach umfassender Renovierung zeigt das Museum ab Herbst 23 zahlreiche Werke der Halmstadgruppe, außerdem auch wechselnde Ausstellungen anderer Künstler. *Öffnungszeiten u. Preise s. Website | Mjellby Konstpark | mjellbykonstmuseum.se | ⏲ 1 ½ Std.*

NORRE PORT

Von diesem nördlichen Stadttor aus dem 17. Jh. führt die *Storgatan* mit ihren prächtigen alten Häusern zum *Stora Torget.* Auf der anderen Seite des Stadttors befindet sich der *Norre Katts Park,* ein kleines Naherholungsgebiet direkt am Fluss Nissan.

SCHLOSS

Das Anfang des 17. Jhs. vom dänischen König erbaute Schloss ist heute die Residenz des *landshövding* (Landeshauptmann) von Halland. Im Sommer finden im wunderschönen Burghof Konzerte und Theateraufführungen statt, im Winter gibt es hier einen Weihnachtsmarkt.

ESSEN & TRINKEN

HEAGÅRDS KAFÉ

Ein alter Hof aus dem 19. Jh., verwandelt in ein kleines, feines Kunst-, Trödel- und Designzentrum. Im Kafé Heagård gibt's Waffeln satt – süß und salzig. *Sommer tgl. 11.30–17 Uhr | Heagårds Egendom 303 | Tel. 0730 71 01 02 | heagård.se*

RUND UM HALMSTAD

1 TÖNNERSA FLYGSANDSFÄLT

20 km südöstlich von Halmstad/ 25 Min. mit dem Auto über die 15

Ein Stück Sahara an Schwedens Küste: eine riesige Sandfläche mit Dünen und windzerzausten Bäumen zwischen Landstraße, Meer und dem Fluss Lagan (ein guter Ort zum Fischen!). *🕮 B17*

2 TYLÖSAND

10 km westlich von Halmstad/10 Min. mit dem Auto

Der kilometerlange Sandstrand *Tylösand* ist schon mehrmals zum besten im Land gewählt worden. Für Drinks, Snacks, Burger und Hummer treffen sich Halmstads Schickeria, Familien und Touristen im *Restaurant Salt (Mit-*

Der tollste Strand im Land? Tylösand

te Mai–Aug. tgl. 17.30–1 Uhr | Tylöudden 11 | Tel. 035 3 35 01 | restaurangsalt.se | €€–€€€). Wer's ruhiger magt, findet am Strand *Frösakull* ein stilles Plätzchen, er schließt nördlich an Tylösand an. Auf dem Weg nach Tylösand liegt der Abenteuer- und Badepark *Halmstad Äventyrsland (Ende Juni–Mitte Aug. tgl 10–17 Uhr | Eintritt Kinder ab 90 cm und Erw. 300 SEK | Gamla Tylösandsvägen 1 | Tel. 035 10 84 60 | aventyrslandet.se).* B17

3 SIMLÅNGSDALEN

20 km östlich von Halmstad/20 Min. mit dem Auto über die 25

Das kleine Tal ist eine grüne Oase. Besonders im Hochsommer eignet es sich hervorragend für Spaziergänge, da die vielen Bäume Schatten spenden. Sehenswert ist auch der 36 m hohe Wasserfall *Danska fall.* B17

4 SCHMIEDE STRANDSKATORNA

15 km nördlich von Halmstad/ 20 Min. mit dem Auto über Kustvägen

INSIDER-TIPP Geschmiedete Wunderwerke

In einer alten Schmiede in Strandskatorna designen und verkaufen Bodil und Kent ungewöhnliche Produkte vom Schuhlöffel bis zum Kerzenhalter. *Skintaby Smedja | Harplinge | Do–So 12–16 Uhr | Tel. 0707 83 44 49 | strandskatorna.com |* B17

VARBERG

(B16) Der traditionsreiche Kurort (35 000 Ew.) am Kattegat war wegen des kleinen Abstands zum dänischen Festland lange Zeit das bevorzugte Angriffsziel der Nachbarn.

Kallbadhus: Hinter den hübschen Mauern wird gebadet – und zwar nackig!

Geblieben ist die beeindruckende Festung direkt am Meer.

SIGHTSEEING

FESTUNG VON VARBERG ★

In der Burg aus dem 13. Jh. sind eine Jugendherberge *(fastningensvandrarhem.se)*, ein Restaurant und das *Hallands Kulturhistoriska Museum (Mai–Juni Di–So 10–16, Juli/Aug. Mo–So 10–17, Sept.–April Di–So 12–16 Uhr | Eintritt 100 SEK | museumhalland.se | 1,5 Std.)* untergebracht.

INSIDER-TIPP
Grausame Vergangenheit

Gepflegt gruseln lässt es sich vor dem wichtigsten Exponat der Ausstellung, dem Bockstensmann. Der Moorleiche aus dem 14. Jh. ist ein Eichenpfahl durch die Brust gerammt. Wer der Mann war und warum er so grausam sterben musste, lernst du vor Ort. Und die App *museumhalland* erklärt es auf Deutsch.

KALLBADHUS

Nur über eine hölzerne Brücke ist das auf Stelzen im Wasser stehende Badehaus zu erreichen. Mit den verspielten Ornamenten erinnert das Gebäude (1820) an orientalische Architektur. Gebadet wird hier nackig! Und danach geht es ab in die kuschelige Sauna. *Mitte Juni–Mitte Aug. Mo–Fr 10–18, Mi bis 20, Sa/So 9–18 Uhr, übrige Zeiten s. Website | Eintritt 85 SEK | Otto Torellsgata 7 | kallbadhuset.se | 2 Std.*

TORGET

Der Marktplatz bildet das Zentrum von Varberg. Im Gegensatz zu vielen anderen schwedischen Orten hat er hier seinen ursprünglichen Charakter bewahrt. Statt Parkhaus, Supermarkt und Einkaufszentrum sind am Torget wie einst noch Rathaus, Kirche und Hotel versammelt.

ESSEN & TRINKEN

JOHN'S PLACE

Unschlagbare Lage direkt am Strand Apelviken. In dem verwitterten Holzhaus treffen sich Surfer, Afterworker und Touristen auf einen Drink an der Bar oder zum (fleischlastigen) Abendessen. Am besten reservieren! *Restaurant: Ende Juni–Mitte Aug. tgl. 2 Zeitfenster: 17 und 20 Uhr, Bar: tgl. ab 16 Uhr, weitere Öffnungszeiten auf der Website | Tångkörarvägen 4 | Tel. 0340 1 09 03 | johnsplace.nu | €€*

RUND UM VARBERG

5 GRIMETON RADIO STATION

12 km östlich von Varberg/15 Min. mit dem Auto über Trädlyckevägen

Grimeton ist die einzige noch voll funktionierende Längstwellen-Radiostation der Welt und hat es daher auf die Weltkulturerbeliste der Unesco geschafft. Warum das spannend ist? Weil du hier einen einmaligen Einblick bekommst, wie weltweite Kommunikation im vordigitalen Zeitalter funktionierte. Im Escape Room kannst du (auf Englisch) bei der „Operation Palmqvist" Schweden im Jahr 1943 vor dem Eintritt in den Krieg bewahren. *Gesamte Anlage: Mai–Mitte Juni, Mitte Aug.–Ende Nov. Sa/So 10–15, Mitte Juni–Mitte Aug. tgl. 10–17 Uhr; nur Senderhalle und Ausstellung (ohne Cafè, Shop, Führungen) tgl. 10–16 Uhr mit Online-Ticket und Selbst-Check-In | Eintritt 155 SEK, manchmal kostenlose Führungen auf Engl., s. Website | Escape Room (nur auf Engl. u. Schwed.) online buchen für 2–5 Pers., 2 Pers. 895 SEK | Radiostationen 72 | Grimeton | Tel. 0340 674190 | grimeton.org | B16*

INSIDER-TIPP
Einmal Agent spielen

6 ÄSTAD VINGÅRD

17 km südöstlich von Varberg/30 Min. mit dem Auto über Trädlyckevägen

Das Weingut Ästad ist eines der größten in Schweden. Wie hier aus Trauben Weißwein und Sekt werden, erfährst du auf einer Wanderung durch die Reben. Danach geht's im „Spa der Sinne" in die vermutlich einzige Unterwassersauna der Welt. Siehst du beim Saunen eine Forelle vor deiner Nase, liegt's nicht am Weinkonsum. Die Sauna liegt auf dem Grund eines Teichs und hat Glaswände. *Führungen tgl. 125 SEK/Pers., Spa (tgl. 8–23 Uhr) ab 445 SEK, spezielle Spa-Angebote s. Website | astadvingard.se | B16*

INSIDER-TIPP
Weingut mit Sauna

7 FALKENBERG

30 km südlich von Varberg/30 Min. mit dem Auto über die E20

Stille Gassen und ein Fluss, der mitten durch den Ort (24 000 Ew.) fließt. Die Stadt, die ihren Namen von der früher dort üblichen Falkenjagd hat, ist ein Paradies für Angler: Der Fluss Ätran ist eines der lachsreichsten Gewässer der Gegend. Ein Lieblingsstrand der Schweden ist der *Skrea Strand*: Er begeistert mit meterhohen Dünen, netten Badehäuschen aus den 1930er-Jahren und dem längsten (248 m!) Steg der Westküste. *B16*

8 UGGLARP

50 km südlich von Varberg/45 Min. mit dem Auto über die E20

Strand und Naturreservat mit altem Eichenbestand, Campingplatz und Ferienhäusern. In *Svedinos Bil och Flygmuseum (Mai, Juni, Sept. Sa/So 11–16, Juli/Aug. tgl. 11–16 Uhr | Eintritt 140 SEK | svedinos.se)* sind 140 historische Autos und 30 Flugzeuge ausgestellt. *ugglarp.nu | (B16)*

INSIDER-TIPP
Paradies für Autofreaks

GÖTEBORG

(B15) **Die Stadt mit ihren 570 000 Ew. ist nur etwa halb so groß wie Stockholm, aber mindestens genauso lebendig.**

Göteborg ist eine alte Handels- und Industriestadt, gebaut nach dem Vorbild Amsterdams. In der zweitgrößten Stadt des Landes trifft man sich in den vielen Restaurants mit Terrasse, vor allem auf den Prachtstraßen wie Kungsportsavenyn oder Östra Hamngatan. Die Göteborger lieben es, draußen zu sitzen – auch bei Temperaturen, die so manche Nicht-Schweden eher zum Frösteln bringen. Immer populärer werden auch der ehemalige Arbeiterstadtteil Haga und die Gegend um Magasinsgatan.

WOHIN ZUERST?

Bei einer Fahrt mit dem **Wasserbus Älvsnabben** (Startpunkt: neben der **Oper**) bekommst du einen guten ersten Eindruck. Leg bei gutem Wetter in Lindholmen einen Halt ein und und genieß die Mischung aus altem Hafen und modernem Science-Park. Das Auto parkst du am besten im Nordstan-Parkhaus im Zentrum.

SIGHTSEEING

FESKEKÖRKA ★

Weil die Spitzbögen der 1874 erbauten Halle an ein Gotteshaus erinnern, tauften die Göteborger ihre Fischhalle kurzerhand *Feskekörka* (Fischkirche). 2020 begann eine umfassende Renovierung des historischen Markts. Im neuen Konzept sind eine Weinbar, geführte Touren und natürlich Fischverkauf vorgesehen. Wiedereröffnung vermutlich 2023. *Rosenlundsvägen | feskekörka.se | 45 Min.*

GÖTEBORGER HAFENGEBIET

Das ehemalige Industrieviertel ist heute eine der interessantesten Gegenden der Stadt. Die *paddan,* flache Ausflugsboote, bringen dich an den großen Anlegern vorbei in die Kanäle *(Abfahrt: Kungsportsplatsen | stromma.se/de/gothenburg)*. Bist du zu Fuß untergwes, gibt es am meisten rund um den *Packhuskajen* zu sehen. Dort

liegen die an ein Schiff erinnernde *Oper*, der Turm *Utkikcn* mit Café und Aussichtsplattform sowie das schwimmende Schifffahrtsmuseum *Maritima Centrum.*

MARITIMA CENTRUM

Am Packhuskajen vor der Oper sind im Maritimen Zentrum alte Segler, Kriegs- und Feuerschiffe sowie ein U-Boot vor Anker gegangen. *April, Mai, Sept., Okt. Sa u. So 11–16, Juni tgl. 10–17, Juli/Aug. tgl. 10–18 Uhr | Eintritt Juni–Aug. 165, sonst 140 SEK | Packhusplatsen 12 | maritiman.se*

KUNGSPORTSAVENYN

Viele Geschäfte, Restaurants und Bars säumen den Göteborger Prachtboulevard, auf dessen Terrassen schon ab dem Frühjahr das Leben pulsiert. Die Straße mit dem 10 m breiten Gehsteig führt samt Verlängerung Östra Hamngatan vom Hafen zum Götaplatsen.

GÖTAPLATSEN

Der am südlichen Ende der Kungsportsavenyn gelegene Platz wurde 1923 anlässlich des 300-jährigen Stadtjubiläums angelegt. Kulturfans, aufgepasst! Rund um den Poseidonbrunnen des schwedischen Künstlers Carl Milles sind Kunstmuseum, Stadttheater, Konzerthaus und Bibliothek angesiedelt.

LISEBERG

Nordeuropas größter Vergnügungspark. Außer Riesenrad und Achterbahn gibt es auch ein Kino, Shows sowie Restaurants und Bars. Die Balder-Bahn gilt als schönste Holzachterbahn der Welt. Wer's heftiger will, kann sich an der 2018 eröffneten *Valkyria* versuchen: Da saust du mit 105 km/h dem Abgrund entgegen. *Ende April–Mitte Okt., Öffnungszeiten und Eintrittspreise auf der Website – es gibt fast so viele Ticketvarianten wie Attraktionen | liseberg.com*

UNIVERSEUM

Im größten Science-Zentrum Nordeuropas schwitzen Besucher im Regenwald, reisen ins All oder erforschen die Tiefen der Weltmeere. Ein aufregendes Paradies, lehrreich – und das nicht nur für Kinder. Im Museumsshop gibt's kluge Spiele und coole Spielsachen. Wer nicht in der Schlange warten möchte, kauft die Tickets am besten vorab online. *Tgl. 10–18 Uhr, Juli–Mitte Aug. bis 20 Uhr | Erw. ab 285 SEK, Kinder 3–16 J. ab 235 SEK | Södra vägen 50 | universeum.se | 3 Std.*

VOLVO MUSEUM

Nach wie vor haben die Volvo Car Group und die Volvo Group ihre Hauptsitze in der Stadt, auch wenn die Pkw-Sparte mittlerweile dem chinesischen Unternehmen Geely gehört. Im Industriegebiet Arendal direkt am Meer dokumentiert das Volvo Museum die Geschichte der berühmten schwedischen Fahrzeugmarke. *Mo–Fr 10–17, Sa/So 11–16 Uhr | Eintritt 140 SEK | Arendals Skans | volvomuseum.com | 2 Std.*

ESSEN & TRINKEN

CAFÉ BROGYLLEN

Sahnetortenfans werden diese Konditorei lieben. Aber auch Brotliebhaber kommen auf ihre Kosten. Von der kleinen Terrasse hast du einen schönen Blick über den Großen Kanal. *Tgl. | Västra Hamngatan 2 | brogyllen.se*

Vom Arbeiterviertel zur Flaniermeile mit Shops, Cafés und Restaurants: Haga

FOOD TRUCKS

Der *Jinx Food Truck (Mo–Fr 11–21, Sa 12–22, So 12–21 Uhr | jinxfoodtruck.com | €)* hat seinen festen Platz auf der Magasinsgatan im Hipsterviertel im Zentrum der Stadt. Hier bekommst du leckeres „bastardisiertes asiatisches Essen" – so bezeichnen die Herren Besitzer ihre Schöpfungen. Gut dass, du Ferien hast und entspannt bist: Die Schlangen zum Kauf der *Thaicos, Porc* und *Vego Buns* sind nämlich immer lang.

INSIDER-TIPP
Ein Hauch von Asien am Foodtruck

SJÖMAGASINET

Elchfleisch mit Preiselbeeren, gebeizter Lachs oder eingelegter Hering gefällig? Am feinsten genießt du diese Köstlichkeiten im Gourmetlokal Sjömagasinet im Süden der Stadt. Übrigens: Auch die Königsfamilie verkehrt hier. Unbedingt reservieren! *Tgl. 11.30–23 Uhr | Adolf Edelsvärdsgata 5 | Tel. 031 7 75 59 20 | sjomagasinet.se | €€€*

SHOPPEN

★ *Haga (hagagoteborg.se)*, das ehemalige Arbeiterquartier, hat sich zum beliebten Wohnort und zur Flaniermeile der Göteborger entwickelt. Mit Modegeschäften, Buchläden, Secondhandshops, Antiquitätenhandlungen und Cafés.

STRÄNDE

Die südlichen Schären der Stadt Göteborg lassen sich einfach per Straßenbahn (Endstation Saltholmen) und Fährschiff erreichen. Freu dich auf ein autofreies Idyll mit knapp 5000 Einwohnern, die über ein Dutzend Inseln verteilt leben. Hier gibt es kleine Pensionen, Cafés, Restaurants und Lebensmittelgeschäfte, vor allem aber Ruhe und Meeresluft zu genießen. Besonders beliebt ist der Strand in Aspholmen.

INSIDER-TIPP
Schärenbaden am Stadtrand

WELLNESS

Für viel Entspannung nach anstrengenden Einkaufstouren sorgt ein Besuch im *Hagabadet (Södra Allégatan 3 | Tel. 031 60 06 00 | hagabadet.se)*. Die wunderschöne Wohlfühloase in einem Gebäude aus dem 19. Jh. verwöhnt dich mit Massagen, Römischer Therme und einem preisgekrönten Restaurant.

INSIDER-TIPP
Wellness in historischem Ambiente

AUSGEHEN & FEIERN

Die Kungsportsavenyn ist am Abend erste Wahl. Neben Restaurants und Cafés gibt es viele Bars und Clubs. Im *Lounge(s) (Kungssportsavenyn 5 | lounges.se)* wird auf mehreren Ebenen getanzt, zum Abkühlen geht es auf die Dachterrasse. Etwas trendiger sind die Lokale an Vasagatan und Magasingatan. Für Ballett-, Musical- und Opernfreunde lohnt sich ein Besuch der Oper *(Christina Nilssons Gata | Tel. 031 13 13 00 | opera.se)*. Oder du besuchst eine Abendveranstaltung im Vergnügungspark Liseberg (s. S. 79).

Felsbilder von Tanum: vor mehr als 2500 Jahren in den Stein geritzt

RUND UM GÖTEBORG

9 MARSTRAND

20 km nordwestlich von Göteborg/ 1,5 Std. mit dem Boot

Auf einer Felseninsel in den Schären liegt dieses schmucke, im 13. Jh. gegründete Städtchen (1300 Ew.). Du erreichst es von Göteborg aus über die Brücke mit dem Auto oder mit einer schönen Bootstour. Im 17. Jh. entstand die *Carlstens-Festung (Mai, Sept. Sa/So 11–15, Juni, Aug. tgl. 11–17, Juli tgl. 10.30–18 Uhr | Eintritt 100 SEK | carlsten.se)*. Im Sommer wird Marstrand zu einem Treffpunkt der Segler. Auch wenn du selbst nicht segelst, macht das Zuschauen Spaß. *marstrand.org* | *A15*

10 TJÖRN

60 km nordwestlich von Göteborg/ 50 Min. mit dem Auto über die E06

Die Schäreninsel (15 000 Ew.) mit der einzigartigen rauen Natur der Westküste ist gut mit dem Auto zu erreichen. Außer umfangreichen Freizeitangeboten wie Schwimmen, Reiten und Wandern gibt es auch Kultur: Das neue nordische *Aquarellmuseum (Sommer tgl. 11–17 Uhr | Eintritt 140 SEK | Södra Hamnen 6 | akvarellmuseet.org)* am Strand von Skärhamn stellt mitten in der Provinz renommierte Maler aus. *A15*

11 LYSEKIL

135 km nordwestlich von Göteborg/ 1 Std. 45 Min. mit dem Auto über die E06

Der historische Fischer- und Badeort (14 000 Ew.) erlebte seine Blütezeit im 18. Jh. durch die lukrative Heringsfischerei. Einige Häuser aus dieser Zeit sind heute noch erhalten. Im Museum *Havets Hus (Mitte Juni–Mitte Aug. tgl. 10–18, Rest des Jahres tgl. 10–16 Uhr | Eintritt 140 SEK, Kinder ab 5 J. 80 SEK | Strandvägen 9 | havetshus.se)* sind mehr als 100 verschiedene Arten von Meeresbewohnern der Region zu sehen. *A15*

12 SMÖGEN

130 km nordwestlich von Göteborg/ 1 Std. 45 Min. mit dem Auto über die E06

Ursprünglich ein Fischerort, hat sich Smögen längst zum attraktiven Badeort herausgeputzt. Im Sommer bringt ein Boot Besucher auf die winzige Schäreninsel Hallö. In dem Naturreservat sind viele Vogelarten und 130 verschiedene Gewächse beheimatet. *A14*

13 FJÄLLBACKA

135 km nördlich von Göteborg/1 Std. 30 Min. mit dem Auto über die E06

Hier spielen die Krimis der populären Autorin Camilla Läckberg. Falls du zu den 12 Millionen Menschen gehörst, die ihre Bücher gelesen haben, wird dir bestimmt die Läckberg-Themen-Tour gefallen *(fjallbacka.com/guider/deu.html)*. *A14*

INSIDER-TIPP
Spurensuche mit Camilla

14 TANUMS HÄLLRISTNINGAR ★

150 km nördlich von Göteborg/1 Std. 45 Min. mit dem Auto über die E06

Vor 3000 Jahren ritzten die Menschen der Bronzezeit in der Gegend um Tanum an mehr als 250 Stellen Bilder in den Fels. Die Werke wurden 1994 in die Welterbeliste der Unesco aufgenommen. Im Museum *(April Sa/So 11–16 Uhr, Mai–Aug. tgl. 10–17 Uhr, Sept./Okt. tgl. 10–16 Uhr | Eintritt frei | Vitlycke 2 | vitlyckemuseum.se)* in Tanum kannst du dich auch über die Entstehung der Zeichnungen und die Lebensbedingungen während der Bronzezeit informieren. *A14*

15 AUSTERNSAFARI ★

145 km nördlich von Göteborg/1 Std. 45 Min. mit dem Auto über die E06

Nur wenige Kilometer nördlich von Grebbestad nehmen dich die Brüder Klemming gerne mit auf eine Austernsafari. Mit einer Art überdimensionaler Wasserlupe und Kescher ausgerüstet erntest du wilde Austern – und verzehrst sie dann vor Ort. *Bröderna Klemmings Dykhjälp | Austernsafari 4 Std. 1300 SEK | Kräftvägen 8 | Grebbestad | Tel. 0708 62 12 17 (Bengt) oder 0706 01 21 85 (Peter) | klemmingsdyk.se |* *A14*

SCHÖNER SCHLAFEN AN DER WESTKÜSTE

MIT SCHICKEM SPA IM HAUS

Das imposante *Varbergs Kusthotell (125 Zi. | Nils Kreugers väg 5 | Varberg | Tel. 0340 62 98 00 | varbergskusthotell.se | €€–€€€)* direkt am Meer bietet neben einem guten Restaurant gemütliche Zimmer und jede Menge Wellness: Massagen, ein Schwimmbad, ein vielfältiges Kursangebot (z. B. Yoga und Gymnastik) und und und.

MITTEL-SCHWEDEN

WASSER, WÄLDER, WOHLFÜHLEN

In diesem Teil des Landes dominiert das Süßwasser. Hier liegen die beiden größten Seen Schwedens, Vänern und Vättern. Doch zwischen den Provinzen Värmland im Westen und Uppland im Osten warten auch mächtige Flüsse und Tausende kleine Seen auf dich. Kanufahrer und Angler kommen hier voll auf ihre Kosten.

Auch zu Fuß, per Fahrrad oder mit dem Auto kannst du die weiten Wälder und die vielen sympathischen Städte und Städtchen erfor-

Stille genießen … – an großen und kleinen Seen, wie hier am Vistensee in Värmland

schen. Hauptorte sind Karlstad, Örebro und Uppsala. Das Wichtigste hier ist jedoch: Lass die Seele baumeln und nimm dir ausreichend Zeit für eine der liebenswertesten Regionen Schwedens. Ein nettes Café, ein kleines Museum oder ein Laden mit Kunsthandwerk sind nie weit. Zwischendrin suchst du dir dann einen der Seen zum Baden aus. Urlaub pur.

MITTELSCHWEDEN

MARCO POLO HIGHLIGHTS

★ **MÅRBACKA**
Zu Hause bei der Schöpferin von Nils Holgersson ➤ S. 91

★ **GÖTAKANAL**
Technisches Wunderwerk des 19. Jhs. ➤ S. 94

★ **UPPSALA**
Quicklebendige Studentenstadt vor historischer Kulisse ➤ S. 96

★ **SIGTUNA**
Der Ort sieht aus wie ein Freilichtmuseum, so gut sind die alten Häuser erhalten ➤ S. 100

★ **STRÄNGNÄS**
Wo gestohlene Kronjuwelen und Inger Lindström für Schlagzeilen sorgen ➤ S. 101

DALARNAS LÄN
280 km, 3¼ Std.
Uppsala★
S. 96
VÄST-MANLANDS LÄN
UPPSALA LÄN
Linnés Hammarby 16
Härkeberga 19
Skokloster 18
Västerås
Sigtuna ★ 17
8 Nora
10 Auto- und Motorradmuseum
Mälaren
9 Arboga
20 Strängnäs ★
Eskilstuna
Örebro
S. 93
Hjälmaren
SÖDER-MANLAN LÄN
ÖREBRO LÄN
SVERIGE
Varamobaden
15 Norrköping
11 Motala
48 km, 45 Min.
12 Vadstena
14 Linköping
ÖSTER-GÖTLANDS LÄN
Baltic Sea
Östersjön
KALMAR LÄN
30 km
18.66 mi
E04
E18
E20
E22
70
56
68
60
52
55
51
32
34
40

KARLSTAD

(🕮 C13) **Genau dort, wo Schwedens längster Fluss, der Klarälven, in Schwedens größten See, den Vänern, mündet, liegt Karlstad (88 000 Ew.).**
Über der ganzen Stadt hängt oft Kaffeegeruch. Eine der größten Röstereien des Landes, Löfbergs Rosteri, hat hier nämlich ihren Sitz. Das Stadtzentrum ist ziemlich modern, da ein verheerender Brand 1865 weite Teile der Stadt zerstörte. Karlstad ist ein idealer Ausgangspunkt für Ausflüge in die westschwedische Provinz Värmland.

SIGHTSEEING

ALMEN

Die alten Gebäude dieses Stadtviertels gehören zu den wenigen, die vom Brand im Jahr 1865 verschont geblieben sind. Dazu zählen die Residenz des Bischofs *(biskopsgården)* und die *Domkirche,* beide aus dem 18. Jh.

WOHIN ZUERST?

Park dein Auto in der Zentrumsgarage gleich hinter dem neuen **Hauptbahnhof** und marschiere vom Stadtzentrum am Fluss Fyrisån die Drottninggatan („Königinnenstraße") hinauf zur Universitätsbibliothek Carolina Rediviva. Dabei genießt du einen schönen Überblick über die Stadt. Fast alle Sehenswürdigkeiten des „schwedischen Oxford" befinden sich in unmittelbarer Nähe, sei es das Schloss, der englische Park, der Dom oder das Hafenbecken.

SANDGRUND

Der Maler Lars Lerin gehört zu den populärsten zeitgenössischen Künstlern in Schweden. Berühmt wurde er durch seine großartigen Bilder, aber auch durch seinen offenen Umgang mit den eigenen Drogen- und Alkoholproblemen und das Mitwirken in diversen TV-Shows. 2012 eröffnete er seine eigene Kusthalle Sandgrund – ein Muss, wenn du in Karlstad bist. *Di–So 11–16 Uhr | Eintritt 80 SEK | Sandgrund | sandgrund.org | ⏲ 1,5 Std.*

LÖFBERGS ROSTERI & KAFFEBAR

Mitten in der Stadt hat eine der ältesten und größten Kaffeeröstereien ihren Sitz. Sie wird in vierter Generation von der Familie Löfberg betrieben. Im Sommer kannst du mittwochs bei einer Führung *(Buchung per E-Mail an lofbergs.karlstad@lofbergs.se)* sehen, wie aus einer unscheinbaren Bohne der Schweden liebstes Getränk wird. Im Bistro wird Kaffee aus aller Welt mit einem Touch Värmland serviert. *Mo–Fr 7.30–18, Sa 10–16 Uhr | Tolagsgatan 1 | Tel. 054 14 01 60 | short.travel/swe42*

INSIDER-TIPP
Von der Bohne in die Tasse

ARTSCAPE

Unter dem Titel „Projekt Weißer Elch" versammelte die Organisation Artscape im Jahr 2017 Künstler aus aller Welt in Värmland. In Karlstad besprühten sie mehrere Häuser mit spannenden – und ganz legalen! –

Street-Art-Werken. Lade dir die Artscape-Karte auf dein Handy und mach dich auf die Suche nach überdimensionalen Feldmäusen, fliegenden Fahrrädern und kämpfenden Elchen. *artscape.se/projects/2017-varmland*

INSIDER-TIPP
Elche auf Hauswänden

MARIEBERGSSKOGEN

Der Stadtpark – mit Zoo, Freilichtmuseum und Strandbad – ist herrlich für Spaziergänge. Und Anfang Juli verwandelt sich beim Musikfestival *Putte i Parken* der Park in ein riesiges Festgelände. *mariebergsskogen.se*

ESSEN & TRINKEN

BARÓN

In der Schalterhalle einer ehemaligen Bank servieren drei Brüder leckere Tapas mit schwedischer Note. *Mo–Do 16 Uhr–open end, Fr/Sa 15 Uhr–open end | Tingvallagatan 13 | Tel. 054 21 25 15 | baronkarlstad.se | €€*

OLSSONS BAZAR

Im Hafen liegt der „Basar" der Brüder Andreas und Matthias Olsson: Laden, Bäckerei, Café und Restaurant – direkt am Vänern-Ufer. *Café/Bäckerei Mo–Fr 7.30–17, Sa 8–16, So 9–16 Uhr, Restaurant Mo–Fr 16 Uhr–open end, Sa 13 Uhr–open end | Tullhusgatan 1 | Tel. 054 12 02 60 | olssonsbazar.com | €€*

SPORT & SPASS

WANDERN

Der 12 km lange Wanderweg *Frödingleden* führt von Karlstad ins südliche Alstertal. Es geht über Wald und Wiesen und vorbei an Badeseen.

Beachfeeling mitten in Karlstad: Strand am Fluss Klarälven

STRÄNDE

Im Stadtgebiet gibt es mehrere Bademöglichkeiten, sogar direkt vor dem Theater kann man ins Wasser springen. Etwas westlich außerhalb der Stadt liegen der große Sandstrand *Bomstad-Baden* mit Campinganlage und das Waldbad *Skutberget*.

AUSGEHEN & FEIERN

In der *Nöjesfabriken (Karlagatan 42 | Tel. 054 22 22 00 | nojesfabriken.se)*, einer alten Fabrikhalle, kannst du verschiedene Bars besuchen und Livekonzerte hören.

RUND UM KARLSTAD

1 DRAISINENFAHRT

108 km südwestlich von Karlstad/ 1 Std. 20 Min. mit dem Auto über die E45

Willst du was Neues ausprobieren, dann miete in Bengtsfors eine Einzel- oder Tandem-Draisine für kleines Geld. Auf einer stillgelegten Bahnstrecke kannst du 25 km bis nach Gustavsfors in die einsame Natur rausfahren. Ist dir das zu lang, drehst du die Draisine einfach vorher um und fährst zurück. *Tandem-Draisine Juni–Mitte Aug. 660 SEK/Tag, Mai u. 2. Augusthälfte 480 SEK/Tag | Stationsgatan 5 | Bengtsfors | Tel.0531 52 68 01 | dvvj.se*. Viel Spaß macht auch eine Kanu-Draisinen-Tour. Du startest mit dem Kanu am Camp Silverlake und steigst später an einer der Zustiegsstellen in die Draisine um. Kanu, Draisine und auch du werden bei Bedarf abgeholt und zurückgebracht. *Kombiticket Kanu/Draisine inkl. Abholung 550 SEK/Tag Brogatan 2 | Bengtsfors | Tel. 0531 1 21 73 | silver lake.se |* B14

INSIDER-TIPP
Zu zweit auf der Draisine

2 HÅVERUD

120 km südwestlich von Karlstad/1 Std. 40 Min. mit dem Auto über die E45

Tausende Besucher pilgern alljährlich ins winzige Håverud. Warum? Weil es hier ein Meisterwerk schwedischer Ingenieurskunst zu bewundern gibt. In Håverud treffen nämlich an einer Stromschnelle eine Eisenbahnstrecke, eine Autostraße und ein Wasserweg aufeinander. Um das knifflige Verkehrsproblem zu lösen, baute man in den 1860er-Jahren eine Brücke für Boote, nicht für Autos! Angeblich musste bis heute keine der 30 000 Nieten ausgetauscht werden. Die besondere Kreuzung ist Teil des *Dalslandkanals*, eines 250 km langen Wasserwegs mit nicht weniger als 31 Schleusen. Von Håverud aus kannst du mit einem Ausflugsboot den Kanal erkunden. Auskünfte über Bootsvermietung und Unterkünfte: *Dalslands Kanal AB | Nils Ericsons väg 1 | Upperud, Håverud | Tel. 0530 4 47 50 | dals landskanal.se |* B14

3 LEINENWEBEREI

65 km nordwestlich von Karlstad/ 50 Min. mit dem Auto über die E18

Aus diesem winzigen Dorf bei Arvika kommen die Servietten der Königsfamilie und die Tischdecken fürs Nobelpreisbankett. Die Leinenweberei *(Klässbols Linneväveri | Damastvägen 5 | Klässbol | klassbols.se/de)* in Kläss-

Wie lebt eine Nobelpreisträgerin? Selma Lagerlöfs Studierzimmer in Mårbacka

bol ist seit 1970 königlicher Hoflieferant. Von außen sieht der kleine Familienbetrieb völlig unscheinbar aus, drinnen eröffnet sich jedoch die interessante Welt der Weberei. Wirf unbedingt einen Blick in die Fabrik, wo die Webstühle fleißig klappern. Danach kannst du shoppen und im Café nebenan entspannen. *B13*

4 ARVIKA

75 km nordwestlich von Karlstad/ 1 Std. mit dem Auto über die 61

Die kleine Stadt (25 000 Ew.) im Herzen von Värmland ist ein Kultur- und Kunsthandwerkseldorado. Ein Kleinod ist das *Rackstad Museum (Di–So 11–17 Uhr | Eintritt 100 SEK | Kungsvägen 11 | rackstadmuseet.se | 2 Std.)*. Es zeigt u. a. die Werke der Künstlerkolonie, die dort um 1900 tätig war. In *Arvika Konsthantverk (Mo–Fr 10–18, Sa 10–14 | Kyrkogatan 17 B | arvikakonsthantverk.se)*, Schwedens ältestem Laden für Kunsthandwerk, kannst du dich mit schönen und praktischen Souvenirs eindecken. Ein paar hundert Meter weiter ist der entzückende Laden *Tilde (Storgatan 35 B | tildetryck.se)* auf schön Gedrucktes wie Karten, Poster und Papier spezialisiert. *B13*

INSIDER-TIPP
Kunstvolle Andenken für Zuhause

5 MÅRBACKA ★

147 km nördlich von Karlstadt/2 Std. mit dem Auto über die 240 und 62

„Wenn ich auch nichts anderes in meinem Leben gemacht habe, so habe ich doch Touristen nach Värmland gelockt", sagte einst Selma Lagerlöf, Autorin von „Nils Holgersson" und

Museumsdorf statt Abriss: Wadköping in Örebro

Schwedens erste Nobelpreisträgerin für Literatur. Ihr Zuhause ist heute ein Museum mit schönem Garten und Café. Auf der Führung erfährst du auch, was es mit der toten Gans im Erdgeschoss auf sich hat. *Besichtigung nur mit Führung, Details s. Website | Anfang Juli–Mitte Aug. tgl. Führungen auf Deutsch | Mai–Sept. Eintritt Garten 50 SEK, Führung durchs Haus zusätzlich 120 SEK, Okt.–April Garten Eintritt frei | Tel. 0565 3 10 27 | marbacka.com. | 2 Std. | C13*

INSIDER-TIPP
Geheimisse einer Nobelpreisträgerin

6 ALSTERS HERRGÅRD

10 km östlich von Karlstad/15 Min. mit dem Auto über die E18

Der Gutshof von 1772, auf dem der Värmländer Dichter Gustav Fröding 1860 geboren wurde, ist ein beliebtes Ziel für Sonntagsausflüge. Es gibt ein Café, eine Galerie und einen Laden, dazu eine wunderschöne Umgebung, Austellungen und im Sommer auch Konzerte. *Mai–Sept. tgl. 11–17 Uhr | Eintritt frei | karlstad.se/alstersherrgard | 1 Std. | C13*

7 KARLSKOGA

70 km östlich von Karlstad/50 Min. mit dem Auto über die E18

Alfred Nobel verhalf dem eher unscheinbaren Städtchen Karlskoga (30 000 Ew.) zu wirtschaftlichem Aufschwung, indem er das Eisenwerk Bofors übernahm. Im Anwesen *Björkborn* verbrachte Nobel die letzten Sommer seines Lebens. Produktiv war er bis zu seinem Tod 1896. Davon zeugt das angeschlossene Labor. Der

Hof lässt sich im Rahmen von Führungen *(nur auf Engl. und Schwed., Di–So nachmittags, detaillierte Zeiten s. Website | Führung 120 SEK | nobelkarlskoga.se)* besichtigen. *karlskoga.se | 🕮 C13*

ÖREBRO

(🕮 D13) **Sanft schlängelt sich der Fluss Svartån durch die Stadt (143 000 Ew.), um dann im Osten Örebros in den See Hjälmaren zu münden.**

Früher wurden die Gewässer als Handelsstraße auf dem Weg nach Stockholm genutzt. Auch heute ist die Stadt mit ihrem massiven Schloss und der reizvollen Lage am Fluss ein interessantes Reiseziel. Alle zwei Jahre, das nächste Mal 2024, findet dort im Sommer die spannende Kunstbiennale Open Art *(openart.se)* statt.

SIGHTSEEING

ÖREBRO SLOTT

Das mächtige Schloss thront auf einer kleinen Insel im Fluss Svartån. Vorläufer gab es bereits im 13. Jh., in seiner heutigen Form existiert es seit Ende des 19. Jhs. Das nette Schlosscafé ist in der ehemaligen Folterkammer untergebracht. *Mo–Fr 10–17, Sa 10–15 Uhr | Eintritt 95 SEK | orebroslott.se*

WADKÖPING

Als in den 1960er-Jahren Schwedens Stadtzentren umgestaltet wurden, beschloss Örebro, einige der ältesten Häuser zu erhalten. Sie wurden in das Freilichtmuseum Wadköping versetzt. Ältestes Gebäude ist die *Kungsstugan*, ein rustikales, rotes Holzhaus aus dem 16. Jh. Im Sommer gibt es hier Konzerte, Puppentheater und einen Mittelaltermarkt. *Mai–Aug. tgl. 11–17 Uhr, Sept.–April Di–So 11–16 Uhr | Eintritt frei | orebro.se/wadkoping | ⏲ 1 Std.*

ESSEN & TRINKEN

FRÖKEN BROGRENS VERANDA

Frühstück, Afternoon Tea und Kuchen zum Reinsetzen – das Ganze in einem gemütlichen, kleinen Café mit Geschenk- und Einrichtungslädchen. Hier kannst du es dir gut gehen lassen. *Mo–Fr 6.30–17, Sa/So 8.30–16 Uhr | Lövstagatan 4 | Tel. 0191 847 07 | Instagram: frokenbrogrens*

SPORT & SPASS

WANDERN

Der Wanderweg *Bergslagsleden (bergslagsleden.se)* führt in 17 Etappen, zwischen 10 und 25 km lang, durch Wälder und über Wiesen an Örebro vorbei. Mit Auto oder Bus von Örebro gut erreichbar sind beispielsweise die jeweils 16 km langen Etappen Mogetorp–Blankhult oder Mogetorp–Digerberget.

STRÄNDE

In der Umgebung von Örebro gibt es mehrere, meist kleine Strände am See Hjälmaren. Mit dem Bus erreichbar ist der von Wald umgebene Sandstrand *Dimbobaden.*

RUND UM ÖREBRO

8 NORA

35 km nordwestlich von Örebro/ 35 Min. mit dem Auto über die 50

Eine der am besten erhaltenen Holzstädte Schwedens. Die meisten Gebäude stammen aus dem 18. und 19. Jh. und werden heute noch bewohnt. Nora (10 000 Ew.) war einst die Wiege des schwedischen Eisenbahnbaus. Vom Bahnhofsgebäude am See startet im Sommer der Museumszug *(Juli/Aug. Sa 10, 12 u. 15 Uhr, Juli auch Fr | Preis z.B. Nora–Järle-Nora 150 SEK, Tickets am besten online kaufen, Restkarten am Bahnhof erhältlich | Tel. 058 710304 | nbvj.se)*. D13

INSIDER-TIPP
Schwedens älteste Eisenbahnlinie

9 ARBOGA

45 km nordöstlich von Örebro/ 35 Min. mit dem Auto über die E18

Anfang August verwandelt sich die Kleinstadt (14 000 Ew.) während der Mittelalterwoche in ein Mekka der Geschichtsfestivalfreunde *(arbogame deltid.se)*. Im *Arboga Museum (Di–Do 13–16, Sa 11–14 Uhr | Eintritt frei | Nygatan 37 | arbogamuseum.se)* wurde das Heim des Großhändlers Anders Örström rekonstruiert, angeschlossen ist ein *Brauereimuseum*. In der Heiligen Dreifaltigkeitskirche ist Schwedens größter Kronleuchter zu bewundern. Wenige Kilometer westlich des Stadtkerns liegt am Fluss Arboga der *Gutshof Jädersbruk (Mo–Fr 9–18, Sa 9–15 Uhr | Jäderbruks Herrgård | Tel. 0589 14400 | jadersbruk.se | €)*. Hier betreibt das dänisch-deutsche Paar Lola und Florian Baumgarten einen Bioladen und ein Café. D13

10 AUTO- UND MOTORRADMUSEUM

60 km nordöstlich von Örebro/ 45 Min. über die E18

Oldtimerfans sollten unbedingt einen Stopp in Köping einlegen. Hier wurden schon 1926 Schaltgetriebe für Volvos hergestellt. Heute ist im Auto- und Motorradmuseum *Bil- och Teknikhistoriska Samlingarna* unter anderem einer der weltweit noch zehn Mercedes-Benz SSK von 1929 ausgestellt. *(Mai–Okt. Di–Sa 10–16, Juni–Aug. auch So 10–16 Uhr | Eintritt 100 SEK | Glasgatan 19 A | Köping | biloteknik.se |* D13

INSIDER-TIPP
Traumort für Autofans

11 MOTALA

100 km südlich von Örebro/ 1 Std. 15 Min. mit dem Auto über die 50

Die in einer Bucht am nordöstlichen Ufer des Vättern gelegene Stadt (43 000 Ew.) ist ein zentraler Punkt am ★ Götakanal, der Göteborg mit Stockholm verbindet. Der Götakanal – 190 km lang und mit 58 Schleusen – ist eines der größten Bauprojekte, die je in Schweden realisiert wurden. Von 1810 bis 1832 erbaut, erstreckt er sich von Sjötorp am See Vänern bis nach Mem an der Ostsee. 87 km der Strecke sind von Hand ausgegraben wor-

Badespaß im Varamobaden

den. Graf Baltzar von Platen, unter dessen Regie der Kanal vor rund 200 Jahren erbaut wurde, liegt in Motala direkt an seinem Lebenswerk begraben. Mehrere Reedereien bieten kürzere und längere Schiffs- und Kreuzfahrten an. Unbedingt vorher buchen! *Abfahrten Mai–Ende Sept. mehrmals wöchentlich | Tel. 0141 20 20 50 | gotakanal.se.*

Eine Ausstellung *(Mai–Sept. tgl. 11–17 Uhr | Eintritt 20 SEK | Varvsgatan | short.travel/swe14)* informiert über die Geschichte des Baus. In Motala findest du auch den längsten Sandstrand Skandinaviens, der an einem See und nicht am Meer liegt. Angeblich badet so mancher Motala-Einwohner lieber im *Varamobaden* als an der Copacabana. Auf jeden Fall haben Kinder am 5 km langen Strand ihren Spaß, doch auch Wind- und Kitesurfer kommen auf ihre Kosten. Das Wasser ist zudem ungewöhnlich klar und sauber. Trotz des Namens „Bad" handelt es sich hier um einen öffentlich zugänglichen Strand. Du zahlst also keinen Eintritt. *D14*

12 VADSTENA

110 km südlich von Örebro/1 Std. 20 Min. mit dem Auto über die 50

Die Heilige Birgitta ist die mit Abstand berühmteste Heilige im protestantischen Schweden. In Vadstena (5500 Ew.) am See Vättern gründete sie angeblich göttlichen Offenbarungen folgend im 14. Jh. den Birgitten-Orden. Egal ob du daran glaubst oder nicht – ein Besuch der Klosteranlagen *(Museum Mitte Juni–Mitte Aug. 10–17.30 Uhr, sonstige Zeiten s. Website | Eintritt 80 SEK | short.travel/swe15)* ist spannend. Acht Nonnen leben noch in der Abtei Pax Mariae. Wie genau ihr Alltag durchgetaktet ist, ist auf der humorvollen (deutschen) Website nachzulesen. Zum Kaffeetrinken empfiehlt sich Väderstads *Centralkonditori (Mo–Sa 8–17, So 10–17 Uhr | Vallsbergsvägen 14 | Tel. 0142 7 00 25 | centralkonditori.se).* C14

13 GRÄNNA

175 km südlich von Örebro/ 2 Std. 15 Min. mit dem Auto über die 50

In dem kleinen Ort (2500 Ew.) am östlichen Rand des Sees Vättern werden die berühmten rot-weißen Zuckerstangen *(polkagris)* hergestellt und natürlich auch verkauft. In vielen Läden kannst du auch bei der Herstellung zuschauen. Außerdem versuchte von hier aus der Abenteurer Salomon August Andrée, die Welt im Ballon zu entdecken. Ihm ist ein lokales Museum *(tgl. 10–16, Juni–Aug. bis 17 Uhr | Eintritt 70 SEK | Brahegatan 38 | grennamuseum.se | 2 Std.)* gewidmet. Gränna ist zudem Ausgangpunkt der Überfahrt per Fähre auf die Insel Visingsö *(visingso.net).* C15

14 LINKÖPING

140 km südöstlich von Örebro/ 1 Std. 50 Min. mit dem Auto über die 51

In der Industriestadt (152 000 Ew.) kannst du in Schwedens ältestem *Museumsdorf Alt-Linköping (Di–Fr 11–17, Sa/So 11–16 Uhr | Eintritt frei | Stadtbusse 3, 12, 13 | gamlalinkoping.info)* eine Zeitreise machen. Moderner und martialischer geht es im Museum der schwedischen Luftwaffe *(Flygvapenmuseum | Mitte Juni–Mitte Aug. Di–So 10–17, Do bis 19, Mitte Aug.–Mitte Juni Mi–So 10–16, Do bis 19 | Eintritt frei | Carl Cederströmsgatan | Stadtbus 13 | flygvapenmuseum.se)* zu, deren Militärjet Jas Gripen bis heute in den Saabwerken hergestellt wird. Wer möchte, kann sich ans Steuer eines JAS 39 Gripen setzen und das Fliegen virtuell ausprobieren *(30 Min. 300 SEK).* D14–15

INSIDER-TIPP
Pilot im Flugsimulator

15 NORRKÖPING

120 km südöstlich von Örebro/ 2 Std. mit dem Auto über die 51

Auch wenn du im Urlaub nicht gern an Arbeit denkst, kannst du in der Industriestadt Norrköping (135 000 Ew.) im *Museum der Arbeit (Laxholmen | tgl. 10–17 Uhr | Eintritt frei | arbetetsmuseum.se | 2 Std.)* Spannendes entdecken. Es liegt in einer alten Papierfabrik. D14

UPPSALA

(E13) **Charme, Geschichte und Kultur in großem Stil, aber ohne den Stress einer großen Stadt – das ist ★ Uppsala.**

25 000 Studenten prägen den Charakter der viertgrößten Stadt Schwedens (155 000 Ew.). Neben der ältesten Universität Nordeuropas, dem mächtigen Dom und dem zentral gelegenen Schloss gibt es nette Cafés und Res-

Im Dom in Uppsala hat der Erzbischof seinen Sitz

taurants. Der Fluss Fyrisån teilt die Stadt. Jedes Jahr am 30. April findet dort das traditionelle Floßrennen mit selbst gebauten Gefährten statt – je phantasievoller desto besser.

SIGHTSEEING

DOMKYRKA

Die Turmspitzen des 119 m hohen Doms zu Uppsala sind von jeder Stelle der Stadt aus zu sehen. Das Gotteshaus aus dem 13. Jh. ist die größte Kirche Nordeuropas. In ihrer jetzigen Form steht sie seit einer Renovierung Ende des 19. Jhs. *Tgl. 8–18 Uhr, Mitte Juni–Mitte Aug. tgl. Führungen auf Englisch | svenskakyrkan.se/uppsala/domkyrkan*

UNIVERSITETET

Schon 1477 wurde Uppsalas Hochschule gegründet. Das imposante Hauptgebäude im italienischen Renaissancestil wurde 1887 eingeweiht. Sehenswert sind die prachtvolle Aula sowie die Hauptbibliothek, die *Carolina Rediviva,* die in einem eigenen Gebäude untergebracht ist. Innen warten 5 Mio. Bände unter Kronleuchtern in weitläufigen Sälen auf Leser.

Das berühmte *Haus Gustavianum (gustavianum.uu.se)* ist wegen Renovierung bis Anfang 2024 geschlossen.

Dort befindet sich auch das1662 konstruierte *anatomiska teatern* (Anatomisches Theater). Damit alle Medizinstudenten den Obduktionen des Professors folgen konnten, wurden die Bänke des Hörsaals extrem steil angelegt. So konnte man über seinen Vordermann – Frauen waren damals noch vom Studium ausgeschlossen – hinwegschauen. Praktisch auch: Die Ränge sind so eng, dass zur Ohnmacht neigende Studenten nicht umkippen konnten.

Entspannt durch die Landschaft mit der längsten Museumsbahn Schwedens: Lennakatten

SLOTT

Auf der höchsten Erhebung der Stadt liegt das von König Gustav Vasa im 16. Jh. als Festung angelegte Schloss. Hier hat Schwedens wohl berühmteste Königin, Kristina, ihre Krone zurückgegeben. Schöner Blick über die Stadt. Im angeschlossenen Slottets Café gibt's leckere Sandwichs und Selbstgebackenes. Im Sommer kann man draußen sitzen. *Sommer: tgl. 11–17 Uhr, weitere Zeiten s. Website | Eintritt frei | konstmuseum.uppsala.se*

BOTANISKA TRÄDGÅRD

Ganz kostenlos und ganz bezaubernd ist ein Besuch im botanischen Garten, Schwedens ältestem – mit Barockgarten, Orangerie und einem Regenwald. In der alten Backstube des Gärtnermeisters kannst du im Sommer im *Café Viktoria (Mai–Aug. Mo–Fr 10–17, Sa/So 11–17, Sept. Mo–Fr 11–15, Sa/So 11–17 Uhr)* ökologisch korrekt essen. Probier die Kuchen, die mit Blumen aus dem Garten dekoriert sind. *Villavägen 6–8 | Mai–Sept. 7–21, Okt.–April 7–19 Uhr | Eintritt frei | botan.uu.se*

INSIDER-TIPP
Kuchen mit Blumenpracht

LINNÉTRÄDGÅRDEN

Im einstigen Zuhause des berühmtem Botanikers Carl von Linné werden dessen Forschungsarbeiten an Pflanzen anschaulich dokumentiert. Das Haus ist größtenteils noch wie zu Linnés Zeiten im 18. Jh. eingerichtet. Sehenswert ist auch der große Garten vor dem Haus mit den unterschiedlichsten Pflanzen. *Mai/Sept. Di–So 11–17, Juni–Aug. tgl. 11–17 Uhr | Ein-*

tritt inkl. Linnémuseum 80 SEK | Svartbäcksgatan 27 | linnaeus.uu.se

GAMLA UPPSALA

Viele Mythen ranken sich um die drei majestätischen *Königshügel* aus dem 6. Jh. Angeblich wurden in Gamla Uppsala einst Menschen geopfert und große Götterfeste gefeiert. Die grasbewachsenen Anlagen sind auf jeden Fall der perfekte Ort, um mehr über vorchristliche Riten und Bräuche zu lernen. In der *Odinsborg (odinsborg.nu)* nebenan, einer Kneipe im Wikingerstil, wird süßes Bier in Elchhörnern serviert. Spannend ist auch das *Alt-Uppsalamuseum (Jan–März, Okt–Dez. Mo, Mi, Sa/So 12–16, April/Mai, Sept. tgl. 10–16, Juni–Aug. tgl. 11–17 Uhr | Eintritt 100 SEK | Disavägen 15 | short.travel/swe55 | 2 Std).*

INSIDER-TIPP
Trinken wie die Wikinger

ESSEN & TRINKEN

GÜNTHERSKA HOVKONDITORI

Es heißt, dass die Kinder, die diese Familienkonditorei in fünfter Generation betreiben, praktisch in der Backstube geboren wurden. Ihr Können zeigt sich in wunderbarem Backwerk und feinen kleinen Gerichten. *Mo–Fr 9–19, Sa/So 10–18 Uhr | Östra Ågatan 31 | guntherska.se | €*

STATIONEN

Drei auf einen Streich. Im alten Bahnhof der Stadt liegt ein Restaurant mit passendem Namen. Hier gibt's eine Brasserie à la Paris, ein Café mit römischem Touch und eine Londoner Bar. *So/Mo 11.30–23, Di/Mi/Do 11.30–01, Fr/Sa 11.30–02 Uhr | Olof Palmes Plats 6 | Tel. 018 15 35 00 | stationen.se | €€*

VILLA ANNA

Gönn dir mal was Besonderes! Preisgekröntes Restaurant in einem klassischen Viertel, das schwedische Spezialitäten aus lokalen, ökologischen Zutaten und mehrgängige Degustationsmenüs anbietet. *Lunch Di–Fr, Abendessen Di–Sa | Odinslund 3 | Tel. 018 5 80 20 00 | villaanna.se | €€€*

SPORT & SPASS

LENNAKATTEN

Eine der längsten Museumseisenbahnen Schwedens lädt zu einem gemütlichen Ausflug in die Umgebung von Uppsala ein. Mit der Dampflok geht es zum ehemaligen Knotenpunkt *Marielund* oder zum Familienbad in *Fjällnora*. Die Züge verkehren von Juni bis September täglich. Sogar die Mitnahme von Fahrrädern ist möglich. Die Bahn fährt in der Nähe des neuen Hauptbahnhofs von Uppsala ab. *lennakatten.se*

AUSGEHEN & FEIERN

KATALIN

Bar, Restaurant und Musikklub in einem. Preiswertes Essen und Konzerte internationaler und schwedischer Musiker erlebt man hier in lässiger Atmosphäre. *Di–Do ab 16, Fr ab 15, Sa ab 13 Uhr | Godsmagasinet Östra Station | Tel. 018 14 06 80 | katalin.com*

INSIDER-TIPP
Treffpunkt von Jazz- und Soulfreunden

Einblick ins Pflanzenreich von Linné: Park und Museum in Hammarby

RUND UM UPPSALA

16 LINNÉS HAMMARBY

15 km südöstlich von Uppsala/15 Min. mit dem Auto über Kungsgatan

Typisch rot-weiße Holzhäuser, umgeben von einem Park, der schön angelegt ist, ohne steril zu wirken. 19 Jahre lebte der Botaniker Carl von Linné in den Sommermonaten in Hammarby. Er arbeitete als Professor an der Universität und war auch ihr Rektor. Ein großer Teil der Blumenvielfalt, die Linné im Garten anpflanzte, ist noch erhalten. Der Staat hat das Grundstück 1879 gekauft und Linné ein kleines Museum gewidmet. *Park Mai/Sept. Fr–So 11–17, Juni–Aug. Di–So 11–17 Uhr. Museum nur mit Führung. Führung 100 SEK | short.travel/swe49 |* *E13*

17 SIGTUNA ★

35 km südlich von Uppsala/40 Min. mit dem Auto über die 255

Das Bilderbuchstädtchen (8 500 Ew.) am See Mälaren ist eine Art bewohntes Freilichtmuseum. Alte Holzhäuser prägen den Stadtkern. Sigtuna gilt als die erste Stadt Schwedens und war im 11. Jh. Bischofssitz. *destinationsigtuna.se |* *E13*

18 SKOKLOSTER

50 km südlich von Uppsala/1 Std. mit dem Auto über die 255

Das Schloss aus dem 17. Jh. wurde nie fertiggestellt, ist sozusagen eine Stein gewordene Baustelle. Es beherbergt aber eine beeindruckende Kunstsammlung. Hier hängt auch Giuseppe Arcimboldos berühmtes Gemälde des Habsburger Kaisers Rudolf II. als Vertumnus, sprich: als Mensch aus Gemüse und Früchten. Im Sommer legt der Dampfer (Uppsala-Stockholm) direkt beim Schloss an. *Mai Sa/So 12–16 Uhr, Juni–Aug. tgl. 11–17 Uhr, Sept. Sa/So 11–16 Uhr | Eintritt frei, Führung auf Engl. 120 SEK | Tel. 08 4 02 30 70 | skoklostersslott.se | E13*

19 HÄRKEBERGA

35 km südwestlich von Uppsala/ 40 Min. mit dem Auto über die 55

Kirchen sind eigentlich nicht so dein Ding? Dann lass dich in Härkeberga überraschen. In der kleinen *Härkeberga Kyrka (Mai–Sept Mi–So 10–16, Okt.–April Sa/So 10–13 Uhr, Audioguide auf Deutsch)* aus dem 15. Jh. ist jeder Zentimeter Wand bemalt. Teste deine Kenntnise und versuche die Figuren, grotesken Ungeheuer und witzigen Moralgeschichten zu deuten. Der berühmte Kirchenmaler Albertus Pictor hat so im Mittelalter den Gottesdienstbesuchern, die kein Wort der (lateinischen) Predigt verstanden, die Bibel nähergebracht. Samstags führen Freiwillige durch die Kirche. Im 10 km entfernten Härnevi steht eine ähnlich imposante Kirche. Im dortigen *Sommercafé (Juli–Mitte Aug. 11–18 Uhr)* kannst du im Garten bei Kaffee und Kuchen entspannen. *E13*

INSIDER-TIPP
Die Bibel als Mittelalter-Comic

20 STRÄNGNÄS ★

80 km südwestlich von Uppsala/1 Std. 10 Min. mit dem Auto über die 55

Das idyllische Städtchen (15 000 Ew.) diente als Kulisse für die beliebten Inga-Lindström-Filme im ZDF. Weltweit Schlagzeilen machte der Ort am See Mälaren, als dreiste Diebe 2018 die wertvollen Kronjuwelen König Karls IX. aus der Domkirche stahlen. Leicht verbeult wurden die fast 400 Jahre alten Preziosen Monate später in einem Müllcontainer wiedergefunden. Mit oder ohne Juwelen – der Dom mit seinen Anfängen im 13. Jh. ist sehenswert. *Tgl. 10–16, Mitte Juni–Mitte Aug. tgl. 10–18 Uhr | E13*

SCHÖNER SCHLAFEN IN MITTELSCHWEDEN

Luxuriöse Einfachheit

Im Holaved-Wald verstecken sich zwischen Bäumen, Seen und Hügeln sieben moosbedeckte Hütten und Baumhäuser: das *Bed & Breakfast Urnatur (10 Hütten | Mai–Sept. | Sjögetorp 3 | Ödeshög | Tel. 0144 1 02 34 | urnatur.se | €€–€€€)*. Hier gibt es weder Strom noch W-LAN, dafür Ruderboote, Feuerstellen – und jede Menge Natur. Perfekt für alle, die eine Auszeit brauchen.

Schaukelnde Schlafstätte

Außergewöhnliche Unterkunft zu gutem Preis: In *Selmas Hytt & Salong (15 Zi. | Östra Ågatan 93 | Uppsala | Tel. 076 6 00 25 20 | selmashytt.se | €)* schläfst du auf dem Wasser des Flusses Fyrisån. Die Jugendherberge liegt auf einem Schiff, die Premiumzimmer haben große Fenster zum Fluss. Es gibt auch (recht spartanische) Einzelzimmer. Die Badezimmer sind auf dem Flur.

DER MITTLERE NORDEN

DIE HEIMAT DER ROTEN PFERDCHEN

Langsam, ganz langsam geht hier der lieblichere Süden in den herberen Norden über. Die Nadelwälder werden dichter, sanfte Hügel tauchen auf. Aus der Region Dalarna kommen die roten Holzpferdchen, die zum Symbol für Schweden wurden, und die rote Farbe, die so viele Holzhäuser ziert.

Wer die Ruhe liebt, wird sich im mittleren Norden wohlfühlen. In manchen Gegenden kommt auf jeden Quadratkilometer weniger als ein Einwohner. Das finden auch Wölfe, Bären und Elche gut.

Aus der Region Dalarna stammen die hübschen Holzpferdchen

Spektakulär ist die Küstenregion Höga Kusten, die zum Welterbe der Unesco zählt. Und Richtung Westen erheben sich die Berge, *fjällen*, an der Grenze zu Norwegen. Die Entfernungen zwischen den Orten werden hier größer, aber netterweise findest du auf deiner Fahrt Richtung Norden an den Straßen immer wieder Schilder mit der Aufschrift „*Våfflor*". Unbedingt Pause machen! Hier verkaufen Heimatvereine und kleine Museen frisch gebackene Waffeln mit Sahne und den „Perlen des Nordens": orangefarbenen Moltebeeren.

DER MITTLERE NORDEN

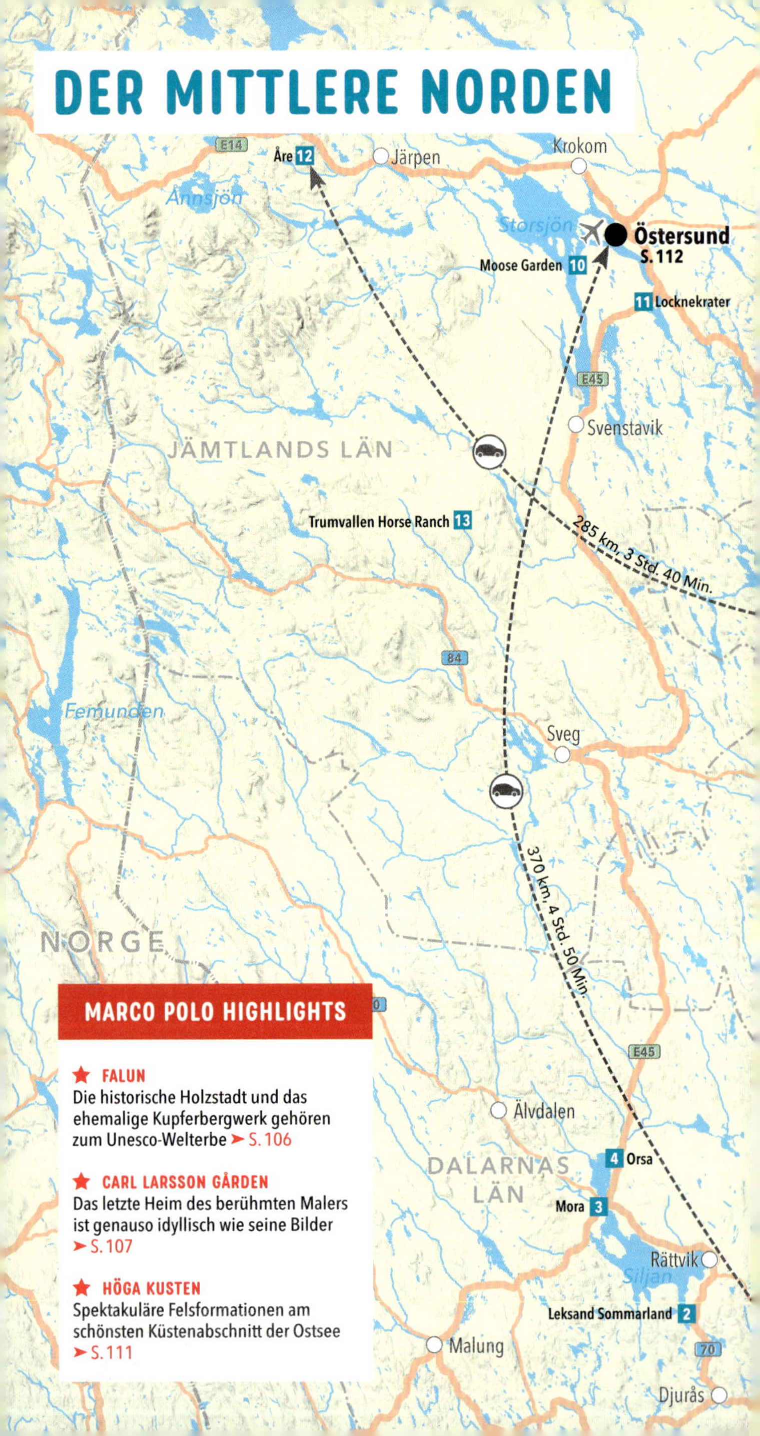

MARCO POLO HIGHLIGHTS

★ **FALUN**
Die historische Holzstadt und das ehemalige Kupferbergwerk gehören zum Unesco-Welterbe ➤ S. 106

★ **CARL LARSSON GÅRDEN**
Das letzte Heim des berühmten Malers ist genauso idyllisch wie seine Bilder ➤ S. 107

★ **HÖGA KUSTEN**
Spektakuläre Felsformationen am schönsten Küstenabschnitt der Ostsee ➤ S. 111

VÄSTER-NORRLANDS LÄN
90
Örnsköldsvik
8
87
Sollefteå
Fiskevistet 9
Hammarstrand
150 km, 2 Std.
7
Skuleskogen
Kramfors
6
Nordingrå
Rotsidan
Höga Kusten ★
S. 109
86
5 Hemsö
Härnösand
E04
Timrå
Ånge
E14
Bottenhavet
Gulf of Bothnia
Fläsian
Sundsvall
S. 109
SVERIGE
Bergsjö
Norrdellen
Ljusdal
84
Hudiksvall
GÄVLE-BORGS LÄN
83
Edsbyn
Bollnäs
E04
Söderhamn
Bottenhavet
Selkämeri
Ockelbo
Gävle
1 Carl Larsson Gården ★
Falun ★
S. 106
Sandviken
Skutskär
30 km
18.66 mi

FALUN

(🕮 D12) **Kupfer hat ★ Falun (57 000 Ew.) und ganz Schweden zu dem gemacht, was es heute ist. Im 17. Jh. war das Land größter Kupferexporteur der Welt. Das edle Metall kommt aus der uralten Kupfergrube, die das Wahrzeichen der Stadt ist. Sie sieht aus, als hätte hier einst ein Meteorit eingeschlagen.** Vom ehemaligen Reichtum Faluns zeugen die verbliebenen prachtvollen Gebäude. Stadt und Grube zählen zum Unesco-Welterbe.

SIGHTSEEING

KOPPARBERGET

Beeindruckend ist ein Blick in den Krater der erst Ende des 20. Jhs. stillgelegten Grube. Im *Världsarvhuset (Welterbehaus)* wird die lange Geschichte des Kupfererzabbaus anschaulich mit Filmen und erhellenden Computeranimationen gezeigt. Am spannendsten ist jedoch eine Führung durch die alte Grube. Du steigst bis zu 70 m unter die Erde hinab. Buchung online via Homepage. Dort findest du auch Infos über die Öffnungszeiten. *Eintritt Museum: 120 SEK, Grubenbesichtigung inkl. Museum 260 SEK | Gruvgatan 44 | Tel. 023 78 20 30 | falugruva.se*

RÖDFÄRGSVERKET ⚑

Die Geschichte der kupferroten Farbe, mit der so viele Holzhäuser in Schweden gestrichen sind, reicht Jahrhunderte zurück. Die Farbpigmente waren ursprünglich ein Nebenprodukt bei der Kupfererzgewinnung. In der Faluner Fabrik können Gruppen nach Anmeldung beim Produktionsprozess zuschauen. *Führung in der Fabrik vorab telefonisch buchen | Tel. 023 78 20 30 | Falu Rödfärg, neben der Grube | falurodfarg.com*

DALARNAS MUSEUM

Falun ist der Hauptort der Region Dalarna, wo Brauchtumspflege hoch im Kurs steht. Das Museum widmet sich der Volkskunst und zeigt Malerei, Musikinstrumente, Trachten sowie Kupferhandwerk. Sehr nett: die Sammlung von Dalapferdchen. *Di–So 11–17 Uhr | Eintritt frei | Stigaregatan 2–4 | dalarnasmuseum.se*

TRÄSTADEN

Die Stadtteile Elsborg, Östanfors und Gamla Herrgården bilden die so genannte *Trästaden* (Holzstadt). Die Holzhäuser blieben vom großen Brand 1761 verschont. Hier siehst du, wie Bergarbeiter vor 300 Jahren lebten. In Elsborg entstand im 17. Jh. die erste Einfamilienhaussiedlung Schwedens.

ESSEN & TRINKEN

BANKEN BRASSERIE

Schwedische und internationale Küche, mittags zum günstigen Menüpreis, abends oft mit Livemusik und à la carte. Das Ganze im exklusiven Ambiente einer ehemaligen Bank, auf der Terrasse oder im mit teuren Weinflaschen gefüllten Untergeschoss *(Två Rum & Kök). So geschl. | Åsgatan 41 |*

Als hätte ein Meteorit eingeschlagen: stillgelegte Kupfergrube in Falun

Tel. 023 71 19 11 | bankenfalun.se | €€–€€€

SPORT & SPASS

Auf einer kleinen Hochebene über der Stadt liegt das Sportzentrum *Lugnet*. Hier fanden schon mehrmals Nordische Skiweltmeisterschaften statt – zuletzt 2015. Als Wahrzeichen Faluns gelten die Türme der Sprungschanzen. Die *große Schanze (tgl. 10–18 Uhr | Eintritt 20 SEK, mit Bergbahn 50 SEK | Lugnetvägen)* dient im Sommer als Aussichtsturm und eröffnet einen phantastischen Blick auf den See Runn mit seinen mehr als 100 Inseln. Zudem gibt es ein Museum *(tgl. 10–18 Uhr)* für Skiinteressierte. Lugnet bietet im Sommer ein Freibad mit Wasserrutschen und – das ganze Jahr über – Campingmöglichkeiten. Für einen Ausflug ist der See Runn geeignet, an der Landzunge Roxnäs ist das Baden besonders schön. Im Ferienpark *Främby Udde (frambyudde.se)* kannst du Wasserski fahren, schwimmen oder Kanus mieten.

RUND UM FALUN

1 CARL LARSSON GÅRDEN ★

15 km nordöstlich von Falun/20 Min. mit dem Auto über die 850 und 862

Kein anderer schwedische Maler hat das Bild vom idyllischen Landleben so zum Ausdruck gebracht wie der berühmte Jugendstilmaler Carl Larsson. Sein Wohnhaus und der schöne Garten spiegeln diese Atmosphäre wider. Lange unterschätzt wurde das Werk seiner Frau Karin, die vor allem mit Textilien arbeitete. Schau dir ihre Arbeit gern genauer an. Karin und Carl lebten von 1889 bis 1919 in dem Haus in Sundborn. *Führungen Mai–Sept. tgl. 10–17, Okt.–April Mo–Fr 11, Sa 13 Uhr | Eintritt 240 SEK | Sundborn | carllarsson.se |* D12

INSIDER-TIPP
Im Schatten des Idylle-Malers

Erinnert in Mora an Gustav Vasa: das Langlaufdenkmal

2 LEKSAND SOMMARLAND

60 km nordwestlich von Falun/1 Std. mit dem Auto über die 69

Schwimmbäder mit Rutschbahnen, Hüpf- und Kletterburgen, Motorgokarts sowie Tret- und Elektroboote sind etwas für die ganze Familie. *Ende Juni/Anfang Aug. tgl. 10–17, Juli tgl. 10–18 Uhr | Eintritt Erw. und Kinder über 1 m 395 SEK, Kinder unter 1 m frei | Leksand am Siljan-See | sommarland.nu |* D11

3 MORA

90 km nordwestlich von Falun/1 Std. 15 Min. mit dem Auto über die 69 und 70

Am nördlichen Ufer des Siljan gelegen, ist Mora (20 000 Ew.) der perfekte Ort für eine Ruhepause mit Bad im See. In Erinnerung an die Flucht Gustav Vasas vor den Dänen findet alljährlich im Winter der 90 km lange *Wasalauf* (Skilanglauf) statt. Er endet in Mora. Anders Zorn, der neben Carl Larsson bekannteste schwedische Maler, wurde 1860 in Mora geboren. Das Anders-Zorn-Museum und sein ehemaliges Wohnhaus Zorngården solltest du dir nicht entgehen lassen. *Zornmuseet: Juni–Aug. tgl. 9–17, Juli/Aug. Do bis 20, Sept.–Mai Di–So 11–17 Uhr; Zorngården: nur mit Führung: Mai–Sept. Di–So 13, 14 u. 15 Uhr, Sa/So auch 12 Uhr, Juni–Aug. tgl. 9.30–16*

Uhr, Führungen zur halben und vollen Stunde | Tickets am besten online buchen | Eintritt Museum 100 SEK, Zorngården 150 SEK, Kombiticket 160 SEK | zorn.se | C11

4 ORSA

100 km nordwestlich von Falun/1 Std. 20 Min. mit dem Auto über die 70

Die Hauptattraktion dieser kleinen Stadt ist Europas größter Raubtierpark *(tgl., Mitte Feb.-Mitte April 10-15, Ende Juni-Ende Aug. 10-16.30, Ende Aug.-Mitte Feb. u. Mitte April-Ende Juni 10-15 Uhr | Eintritt je nach Saison Erw. 215-285, Kinder 3-14 J. 145-185, Familien 450-820 SEK | Grönklitt | orsarovdjurspark.se)*. Zu sehen sind u. a. Eis- und Braunbären, Luchse, Wölfe und auch Tiger.

In einer alten Sennerei außerhalb der Ortschaft haben sich Liselotte und Pär Länsman einen Traum verwirklicht: Im *Smidgården (Fryksås 248 | Orsa | Tel. 0250 34214 | ganzjährig geöffnet | Restaurant Fr-So 10-16 Uhr | smidgarden.se | €€)* gibt es feines Essen, gemütliche Unterkünfte und Massagen. C11

HÄLSINGEHÖFE

100 km nördlich von Falun/1 Std. 20 Min. mit dem Auto über die 50

In der Region Hälsingland gibt es rund 1000 Hälsingehöfe. In den reich verzierten Bauernhäusern siehst du äußerst anschaulich, wie sich das Leben auf dem Land früher gestaltete. Sieben Höfe haben es 2012 auf die Liste des Unesco-Weltkulturerbes geschafft. Der Große-Hälsingehof-Weg zwischen Alfta und Edsbyn verknüpft sie miteinander. Noch sind Ausschilderung und Info nicht optimal, aber versuch trotzdem unbedingt, einen der Hofe zu besichtigen. Infos: *short.travel/swe51*, Broschüre: *short.travel/swe52 |* D11

SUNDSVALL

(E9) **Wow – so viel Pracht im hohen Norden! 2017 wurde Sundsvall (57 000 Ew.) zur schönsten Stadt Schwedens erkoren.**

Das alte Zentrum dieser Stadt, die durch die Holzindustrie reich wurde, brannte 1888 fast vollständig ab und wurde durch die pompöse Steinstadt ersetzt. Aus Sundsvall stammen die mehrfachen Langlauf-Olympiasieger Charlotte Kalla und Johan Olsson. Rund um die Stadt gibt es ca. 300 km Loipen. Bist du schwindelfrei? Dann erkunde Sundsvall doch von den Dächern der Stadt aus *(nur Erw. | Mai-Aug. | 375 SEK | takvandring.com)*.

SIGHTSEEING

KULTURMAGASINET

Eine Mischung aus Museum, Galerie und Café, gelegen in historischen Magazingebäuden. *Mo-Do 10-19, Fr 10-18, Sa/So 11-16 Uhr | Eintritt frei | Packhusgatan 4 | Tel. 060 19 18 00 | short.travel/swe53*

STENSTAN

Die Steinhäuser, die großzügigen Boulevards und Parks spiegeln das architektonische Ideal des Europas im

Herrliche Landschaft der Höga Kusten, hier bei Häggvik

19. Jh. wider. Mehr erfährst du bei einer Stadtführung *(Buchung im Stenstans Visitor Center | Stadshuset, Stora Torge | stenstanvisitorcenter.se).*

ESSEN & TRINKEN

PALLAS KONDITORI

Retrocafé mit Einrichtung und Musik aus den 1950ern und superfrischem Gebäck. *Mo–Fr 8–16, Sa 10–16 Uhr | Strandgatan 16 | pallaskonditori.se*

TANT ANCI & FRÖKEN SARA

Die Schwestern Susanna und Jeanette betreiben hier Norrlands erstes ökozertifiziertes Café und Restaurant. *Mo–Fr 11–19, Sa 12–18, | Bankgatan 15 | Tel. 060 7 85 57 00 | tantanci.se | €*

RÅ

Trendig und gemütlich zugleich. Halbe Portionen auf der Speisekarte, damit du verschiedene Gerichte probieren kannst. *Mi/Do 17–23, Fr/Sa 14–24 Uhr | Nybrogatan 16 | Tel. 0703 97 50 60 | rasundsvall.se | €€*

STRAND

FLÄSIAN

4 km südlich der Stadt kannst du am großen Naturstrand (sonnen-)baden – oder Minigolf spielen. Im Sommer auch Camping und Hüttenvermietung, ein Strandabschnitt ist nur für Gäste. *First Camp Fläsian | Norrstigen 15 | Tel. 060 55 44 75 | firstcamp.de/destination/flasian-sundsvall | €*

HÖGA KUSTEN

(📖 E–F 8–9) **Tiefe Schluchten, Berge, die bis ans Meer reichen und stille Buchten – die ★ Hohe Küste (Höga Kusten) ist mit der spektakulärste Küstenabschnitt der ganzen Ostsee.** Das Gebiet erstreckt sich von Härnösand bis zum 100 km weiter nördlich gelegenen Örnsköldsvik. Hier ist das Phänomen der Landhebung am deutlichsten zu sehen. Nach dem Ende der letzten Eiszeit vor ca. 10 000 Jahren schmolzen die Gletscher. Die Erde, vom Gewicht befreit, begann sich zu heben. An der Höga Kusten stiegen die Landmassen über 800 m. Deshalb wurde das Gebiet von der Unesco zum Welterbe ernannt. Die Wälder und Berge sind ein hervorragendes Terrain zum Wandern, die Strände sind zwar schmal, doch oft sehr einsam.

ZIELE AN DER HÖGA KUSTEN

5 HEMSÖ

Auf der 54 km² großen Insel Hemsö liegt die gleichnamige Festung. Sie wurde während des Zweiten Weltkrieges zur Küstenverteidigung ausgebaut und war bis 1989 in Betrieb. Teilweise waren bis zu 1100 Mann in dem unterirdischen Bollwerk stationiert. *Mitte Juni–Mitte Sept. tgl. 11–16 Uhr, Führungen Juni–Aug. alle 30 Min. | Führung 140 SEK, Eintritt auf das Gelände frei | hemsofastning.se |* *📖 E9*

6 NORDINGRÅ

Die Halbinsel ist perfekt, um ein paar Tage auszuspannen. Wasser, Wald und Berge – Nordingrå bietet auf kleinstem Raum alles, was die Hohe Küste ausmacht. Du kannst hier reiten, wandern, Kanu fahren oder baden. Unterkunft bieten zahlreiche kleine Familienhotels, Bed & Breakfasts und Hütten. Zur Nordingrå-Halbinsel gehören neben dem gleichnamigen Dorf 63 weitere Ortschaften, die verstreut an einer kurvenreichen Straße liegen, die sich über die ganze Halbinsel schlängelt. Die meisten bestehen nur aus wenigen Häusern. *Unterkunft und Vermietung von Kanus etc. z. B. Lappuddens Stugby (Tel. 070 2864305 und 070 6250783 | lappudden.se).* | *📖 E9*

7 SKULESKOGEN ⚑

Diesen großartigen Nationalpark musst du einfach besuchen! Märchenhafte Wälder, phantastische Aussicht, spannende Steinformationen – Natur in ihrer besten Form. Hier kannst du kurze und längere Wanderungen machen. Der an den Nationalpark angrenzende *Skuleberget* ist mit 294 m die höchste Erhebung der Region und ein einmaliger Aussichtspunkt. Nimm genug Proviant mit und genieße! *short.travel/swe17* | *📖 F8–9*

8 ÖRNSKÖLDSVIK

Als einzige größere Stadt (55 000 Ew.) dient Örnsköldsvik als Versorgungszentrum für die ganze Umgebung. Besonders im Sommer ist in der Fußgängerzone dementsprechend viel los. Im behutsam renovierten alten Schulgebäude ist das regionale Museum mit kulturhistorischen Ausstellungen untergebracht, daneben liegt die Werkstatt des Bildhauers Bror Marklund *(beide Di 11–20, Mi–Sa 11–16 Uhr | Eintritt frei | Läroverksgatan 1).*

INSIDER-TIPP **Klamotten für draußen shoppen**

Im 6 km entfernten Själevad kannst du in Schwedens größtem Outdoorladen Naturkompaniet oder in dem der Trendmarke Fjällräven zuschlagen *(Mo–Fr 10–18, Sa 10–16, So 11–16 Uhr | Brogatan 141 | 89435 Själevad | short.travel/swe18).* F8

9 FISKEVISTET

Höga Kusten gilt als Heimat des *surströmming*, des fermentierten Herings.

INSIDER-TIPP **Ein Museum für den Stinkefisch**

In diesem Restaurant im Ort Skeppsmalen widmet sich ein eigenes Museum dieser äußerst gewöhnungsbedürftigen Fischspezialität. Zum Haus gehört auch ein Abenteuerspielplatz mit Piratenschiff. *Mitte Juni–Mitte Aug. tgl. 10–18 Uhr | Eintritt 30 SEK | Skagsudde | Skeppsmalen | fiskevistet.se |* F8

SPORT & SPASS

WANDERN

Es gibt keine bessere Möglichkeit, die einmalige Küstenlandschaft kennenzulernen, als eine Tour auf dem fast 130 km langen Wanderweg *Högakustenleden*. Nirgendwo sonst in Schweden kannst du auf solcher Höhe so nah an der Küste entlangwandern. Der Weg führt in 13 gut ausgeschilderten Etappen von Örnsköldsvik nach Hornöberget. Ausführliche Infos auf *hogakusten.com/de/hogakustenleden.*

STRÄNDE

ROTSIDAN

4 km langer Küstenabschnitt mit rotbraunen Diabassteinen, die die Wärme wunderbar speichern und sich bestens zum Sonnenbaden eignen. *hogakusten.com/de/rotsidan*

STORSANDS HAVSBAD

100 000 m² mit feinem Sandstrand und Dünen laden hier zum entspannten Strandleben ein. *Norrfällsviken | nordwestlich von Nordingrå*

ÖSTERSUND

(D8) **Auch wenn die Hauptstadt von Jämtland recht unspektakulär daherkommt, lohnt sich ein Stopp. Vielleicht siehst du ja das Storsjön-Ungeheuer – die schwedische Nessie haust angeblich im See Storsjön, an dem die Stadt (51 000 Ew.) liegt.**

Bekannt ist Östersund auch für seinen Fußballclub, der sich 2017 überraschend für die Europa League qualifizierte, und für sein nationales Wintersportzentrum. Jedes Jahr im Juli steht die Stadt im Zeichen eines der größten Musikfestivals Skandinaviens: *Storsjöyran (yran.se)*. Sting, Pet Shop Boys, Lady Gaga und Zara Larsson waren schon da.

Auch beim Brotbacken kannst du im Jamtli zuschauen

SIGHTSEEING

JAMTLI

Das *Jamtli (Jämtlands länsmuseum)* ist eine einzigartige Kombination aus Volkskunde- und Freilichtmuseum. Besucher begeben sich auf eine Reise in die Vergangenheit: In rund 60 Bauernhöfen des 18. und 19. Jhs. kannst du dich als Knecht, Magd oder Holzflößer versuchen. Sehenswert sind u. a. ein steinzeitlicher Siedlungsplatz und tausend Jahre alte Teppiche aus Överhogdal. Gezeigt werden auch Fallen, mit denen man im 19. Jh. versuchte, das Seeungeheuer zu fangen, das angeblich im See vor der Stadt lebt. *Mitte Juni–Mitte Aug. tgl. 11–17, Mitte Aug.–Mitte Juni Di–So 11–17, Uhr | Eintritt 120 SEK, Kinder 13–18 J. in Begleitung eines Erw. frei, sonst 50 SEK, Mitte Juni–Mitte Aug. 290, Kinder 13–18 J. 150 SEK (für 2 Tage) | Museiplan | jamtli.com | 2 Std.*

STADTZENTRUM/STORGATAN

Östersund wurde einst mit einem rechtwinkligen Straßennetz angelegt. Achte mal darauf: Im Zentrum kannst du diese Struktur noch heute erkennen. Entlang der *Storgatan* liegt ein gut erhaltenes und sehenswertes Stadtviertel aus dem 19. Jh.

ESSEN & TRINKEN

EN LITEN RÖD

In diesem kleinen, einfachen Restaurant stehen Fondue, viel Fisch und Fleisch, aber auch vegetarische Ge-

Åre: Mit der Seilbahn auf den Berg, auf Skiern die Pisten hinunter

richte auf der Speisekarte. *So geschl. | Brogränd 19 | Tel. 063 12 63 26 | enlitenrod.se | €€*

JAZZ KÖKET

Soul, Jazz und gutes Essen mit Fokus auf regionalen Produkten. *Lunch im Bistro Mo–Sa 11–14, Abendessen Mi–Fr 16–21 Uhr, Musik Di–Sa ab 17 Uhr | Prästgatan 44 | Tel. 063 10 15 75 | jazzkoket.se | €€*

SPORT & SPASS

DAMPFERFAHRT

Auf dem ältesten Dampfer Schwedens, der *S/S Östersund* lässt sich die schöne Region um den Storsjön vom Wasser aus erleben. Falls du das zum letzten Mal 1635 gesichtete Seeungeheuer nicht zu Gesicht bekommst, kannst du dich mit Fleischbällchen oder Waffeln an Bord trösten. *(Juni–Sept. | 3 Std. Erw. und Jugendl. ab 16 J. 150, Kinder 7–15 J. 60 SEK | Tel. 064 04 41 68 | angarenostersund.com).*

STRÄNDE

Am Rand des Sees Storsjön oder auf einer der zahlreichen Inseln gibt es diverse Bademöglichkeiten. Die Insel Andersön ist ein Naturschutzgebiet, in dem du wunderbar spazieren gehen, baden oder grillen kannst.

RUND UM ÖSTERSUND

10 MOOSE GARDEN

17 km nordwestlich von Östersund/20 Min. mit dem Auto

INSIDER-TIPP
Elch zum Anfassen

über den Vallaleden
Auf der Elchfarm in Orrviken leben zahme Elche, die sich gern streicheln lassen, aber auch wildere Exemplare. Hier lernst du viel über den König der Wälder und kannst sogar neben ihm übernachten. *Führungen s. Website, im Sommer in der Regel tgl. 11 und 13 Uhr | Führung Erw. 225, Kinder 5–15 J. 130 SEK | Orrviken | moosegarden.com | C8*

11 LOCKNEKRATER

30 km südwestlich von Östersund/ 30 Min. mit dem Auto über die E14

Vor 455 Millionen Jahren, so haben Wissenschaftler ausgerechnet, stürzte hier ein 300 Mio. Tonnen schwerer Meteorit mit 54000 km/h auf die Erde – die Folgen sind heute noch sichtbar: der Locknekrater.

INSIDER-TIPP
Rasender Supermeteorit

Ein 3-D-Film und eine geologische Ausstellung im Meteoritzentrum helfen dir, dieses Phänomen zu verstehen. *Ende Juni–Ende Aug. Di–So 13–17 Uhr | Ångstavägen 71 | Tandsbyn locknekratern.se | D9*

12 ÅRE

100 km nordwestlich von Östersund/ 1 Std. 20 Min. mit dem Auto über die E14

Der Ort (9000 Ew.) ist das Zentrum des schwedischen Wintersports. Ob Snowboarden oder Slalomski – die mehr als 100 Abfahrten machen Åre zu einem Wintersportparadies. Ein Besuch lohnt sich aber auch im Sommer zum Bergwandern oder für eine Kajaktour – die reißenden Gebirgsflüsse sind eine Herausforderung für geübte Fahrer, einen Adrenalinkick bekommst du beim *Zip Lining (Åre Turistbyrå | Tel. 064 716321)*. Ruhiger ist der Besuch der Steinkirche *Gamla kyrka* (12. Jh.). *visitare.se | C8*

13 TRUMVALLEN HORSE RANCH

130 km südwestlich von Östersund/ 1 Std. 45 Min. mit dem Auto über die E45 und 315

INSIDER-TIPP
Wilder Westen in Schweden!

Wolltest du schon immer mal ein Cowgirl oder Cowboy sein? Auf der Trumvallen Horse Ranch in Vemdalen darfst du das Kühetreiben ausprobieren – vorausgesetzt du hast zuvor an zwei Tagen dein Können in Sachen Reiten bewiesen. Ansonsten werden aber auch wunderbare Ausritte in die großartige Berglandschaft angeboten. *Ganzjährig | Ausritt 1,5 Std. 850 SEK, 2-Tages-Tour inkl. Übernachtung/Vollpension 6700 SEK | Trumvallen 211 | Vemdalen | fjallridning.se | C9*

SCHÖNER SCHLAFEN IM MITTLEREN NORDEN

LEUCHTTURM-HERBERGE

Keinen Superluxus, aber eine geniale Lage auf einer kleinen Insel bietet die Jugendherberge Högbonden *(30 Betten | Högbonden | Nordingrå | Tel. 073 096 29 31 | hogbondenfyr.se | €€)* am Fuß eines Leuchtturms, der nicht mehr in Betrieb ist. Mahlzeiten müssen vorab bestellt werden, ansonsten: Selbstversorgung.

DER NORDEN

POLARLICHT UND MITTERNACHTSSONNE

Mitte Juni scheint die Sonne so gut wie rund um die Uhr im Norden Schwedens. Im Winter ist es dagegen Tag und Nacht nahezu stockdunkel und eiskalt. Dann sind am Himmel Polarlichter zu sehen – ein einmaliges Naturschauspiel, das allein die 2000 km lange Reise vom Südzipfel des Landes bis hoch in den Norden Lapplands rechtfertigt.

An der Küste gibt es für die nicht allzu Kälteempfindlichen traumhafte Strandbäder, im Landesinneren bestechen die unglaubliche

Winter im hohen Norden: Wer lichtet das Polarlicht am besten ab?

Weite und die Bergwelt Schwedens. Die „letzte Wildnis Europas“ ist ein hervorragendes Terrain für ausgedehnte, mehrtägige Wanderungen. Hier oben existieren übrigens drei Sprachen nebeneinander: Schwedisch, Samisch, also die Sprache der samischen Urbevölkerung, sowie das tornedalische Mienkälä.

DER NORDEN

Riksgränsen 11
10 Aurora Sky Station ★
9 Abisko-Nationalpark ★
100 km, 1¼ Std.
12 Kebnekaise
Kiruna ★
S. 124
8
Ishotellet
NORGE
Sarek-Nationalpark 13
470 km, 4½ Std.
E45
14 Jokkmokk
95
NORRBOTTENS LÄN
E12
94
6 Arvidsjaur
Sorsele 7
95
VÄSTERBOTTENS LÄN
2 Sankta Anna Underjordskyrka
265 km, 3¼ Std.
E45
1 Lycksele Djurpark
E12
Vindelälvsdalen ★ 3
JÄMTLANDS LÄN
Umeå
S. 120

MARCO POLO HIGHLIGHTS

★ **VINDELÄLVSDALEN**
Wildwasser und ein unberührtes Tal ➤ S. 121

★ **KIRUNA**
Eine Stadt, die umzieht! Dazu ein Ausflug 540 m unter die Erde: in die Eisenerzgrube im Museum ➤ S. 124

★ **ABISKO-NATIONALPARK**
Wandern und Skifahren in Schwedens beliebtestem Nationalpark ➤ S. 125

★ **AURORA SKY STATION**
Von hier lässt sich das Nordlicht besonders gut beobachten ➤ S. 126

UMEÅ

(🕮 F7) **Das Kunst- und Freilichtmuseum ist Anziehungspunkt der am Fluss Umeälv gelegenen Stadt (120 000 Ew.).**

Umeå selbst ist architektonisch zwar wenig reizvoll, attraktiv ist aber die Nähe zum Bottnischen Meerbusen, dem nördlichen Ausläufer der Ostsee. Das macht die Stadt besonders für Angelfreunde anziehend.

SIGHTSEEING

GAMMLIA

Kunst-, Freilicht- und Kulturgeschichtsmuseum stehen mit den Ausstellungsräumen der renommierten örtlichen Kunsthochschule auf einem Gelände. Sie geben einen umfassenden Eindruck von der Geschichte der Region. Alte Holzhäuser und moderne Kunst werden ebenso gezeigt wie die Entwicklung des Skisports – von der Steinzeit bis Ingmar Stenmark. *Tgl. 10–17, Mi bis 20 Uhr, Freilichtmuseum nur im Sommer geöffnet | Eintritt frei | Helena Elisabeths väg 3 | vbm.se*

ESSEN & TRINKEN

HUNGER & TÖRST

Dieses spannende Restaurant heißt passenderweise „Hunger & Durst". Der Schwerpunkt liegt auf Lokalem: Fisch, Wild, Beeren, Pilze. Serviert werden nur komplette Menüs mit 3, 5 oder 7 Gängen. Also: Lass dich überraschen! *Di–Sa ab 17 Uhr | Vasagatan 1 | Tel. 090 77 10 00 | hungerochtorst.se | €€*

RUND UM UMEÅ

1 LYCKSELE DJURPARK

130 km nordwestlich von Umeå/ 1 Std. 50 Min. mit dem Auto über die E12

In Schwedens nördlichstem Tierpark leben vor allem die Tiere, die es dort auch in freier Wildbahn gibt: Braunbären, Luchse, Elche, Polarfüchse und Rentiere. Außerdem gehört ein Park mit Kletterturm, Karussell und Elektrobooten dazu. Und für alle, die Hunger bekommen, gibt es ein Restaurant. *Öffnungszeiten und Preise variieren sehr nach Jahreszeit, s. Website für Info | Brännbergsvägen | Lycksele | lyckseledjurpark.com | 🕮 F7*

2 SANKTA ANNA UNDERJORDSKYRKA

185 km nordwestlich von Umeå/ 2,5 Std. mit dem Auto über die 363

In dem kleinen Örtchen Kristineberg mit nicht mal 200 Einwohnern gibt es eine große Attraktion: die Sankta Anna Underjordskyrka, eine der wenigen unterirdischen Kirchen der Welt. Sie liegt in 100 m Tiefe in einer ehemaligen Grube. Angeblich erschien an dieser Stelle dem Bergarbeiter Albert Jönsson 1946 ein 2 m hohes Jesusbild. *Ende Juni–Mitte Aug. tgl. Führungen um 13 Uhr | 220 SEK inkl. Anfahrt zur Grube und Kaffee | Thornégården Nervägen 6 | Kristineberg | underjordskyrkan.se | 🕮 F6*

INSIDER-TIPP
Beten tief unter der Erde

Runterkommen beim Angeln in der Stille der Natur

3 VINDELÄLVSDALEN ★

150 km westlich von Umeå/2 Std. mit dem Auto über die 363

Das Tal um den Fluss Vindelälv ist ein Traum für Naturfans und Aktivsportler. Der Fluss zählt zu den wenigen in Norrland, die noch unbeeinflusst von menschlichen Eingriffen ihrem natürlichen Lauf folgen. Wegen der Stromschnellen eignet er sich bestens für Wildwasserfahrten, sein Fischreichtum macht ihn bei Sportfischern beliebt. Infos: *visitvindeln.se* | *F7*

LULEÅ

(G5) **Als größter Ort (77 000 Ew.) und Verwaltungszentrum der Region Norrbotten hat Luleå kulturell einiges zu bieten.**

Im umgebauten Lager am Hafen spielt das Regionaltheater, am meisten aber gibt es vor den Toren der Stadt zu sehen. Mach unbedingt einen Abstecher nach Gammelstaden, zum alten Zentrum der Stadt.

SIGHTSEEING

LULEÅ SKÄRGÅRD

Vor der Stadt liegen die Schären *Altappen, Brandöskär* und *Kluntarna.* Sie eignen sich für Spaziergänge, im Sommer auch zum Baden – vorausgesetzt, du bist nicht kälteempfindlich. Im Winter sind sie per Skitour übers Eis erreichbar. Hüttenbuchung: *Turistbyrå Kulturens hus (Skeppsbrogatan 17 | Tel. 0920 45 70 00 | visitlulea.se).*

NORRBOTTENS MUSEUM

Der ideale Einstieg in den höchsten Norden des Landes, der von der samischen Urbevölkerung dominiert war. Ausstellung zur Samenkultur speziell für Kinder. *Di–Fr 10–16, Sa/So 11–16 Uhr | Eintritt frei | Storgatan 2 | norrbottensmuseum.se*

ESSEN & TRINKEN

ARKIPELAG

Direkt am Wasser gibt es unter der Woche ein preiswertes Mittagessen, abends Fisch, Wild und alles, was der Norden so bietet. *Di 17–23, Mi–Fr 11–14 u. 17–24, Sa 12–15 (Brunch) u. 17–24 Uhr | Småbåtsgatan 8h | Tel. 0920 22 21 55 | restaurangarkipelag.se | €€*

HEMMAGASTRONOMI

Laden, Bäckerei und Restaurant in einem. Auf der Speisekarte Elch, Reh, aber auch Walnusstofu. *So geschl. | Norra Strandgatan 1 | Tel. 0920 2 20 02 | hemmagastronomi.se | €€€*

SHOPPING

LAPLAND HEARTWORK

INSIDER-TIPP **Schnabelschuh trifft Moderne**

Der Name ist Programm. Die lokalen Designer und Künstler haben mit viel Herz an ihren Produkten gearbeitet. Samische Schnabelschule, knallbunte Holzrentiere, wunderschöne Birkenschalen – solch überdurchschnittlich schöne Mitbringsel kannst du im vielfältigen und originellen Sortiment aufstöbern. *Mo–Fr 10–18, Sa 11–15 Uhr | Smedjegatan 13 | laplandheartwork.se*

RUND UM LULEÅ

4 GAMMELSTADEN

10 km nordwestlich von Luleå/ 15 Min. mit dem Auto über die 97

Diese einzigartige Kirchstadt aus dem 17. Jh. ist Unesco-Weltkulturerbe. In den rund 400 Holzhütten übernachte-

Einladung zur Wildwasserfahrt: Stromschnellen bei Sorsele

ten einst weit gereiste Gläubige zu einer Zeit, als es noch Pflicht war, an bestimmten Feiertagen den Gottesdienst zu besuchen. In der Kirchstadt war dann allerdings nicht nur Gottesdienst, sondern auch Fest und Tanz angesagt. Mit dem Audioguide auf Englisch kannst du die faszinierende Geschichte der Kirchstadt selbst erforschen. Die Guides und weiteres Infomaterial gibt es im Besuchszentrum *(Mitte Juni–Aug. tgl. 10–18 Uhr, übrige Zeiten s. Website visitgammelstad.se/en/)*. Im nahe gelegenen *Freilichtmuseum Hägnan* lädt in einem gemütlichen Hof aus dem 19. Jh. das schöne *Kafé Fägnan (tgl. 11–16.30 Uhr | systrarnas.com/kafefagnan)* zu einer entspannenden Pause ein. G5

INSIDER-TIPP Kirchenzwang und Tanz

5 PITEÅ

55 km südwestlich von Luleå/ 50 Min. mit dem Auto über die E4

Die 1621 gegründete Stadt (62 000 Ew.) am Bottnischen Meerbusen besticht durch hübsche Holzhäuser, eine gute Infrastruktur für Gäste und wunderschöne Sandstrände.

Ein Familienparadies ist das neu renovierte *Pite Havsbad (Öffnungszeiten s. Website | Eintritt Erw. 195, Kinder 4–12 J. 125, 13–17 J. 155 SEK | Hotellvägen 50 | pitehavsbad.se)*. Das Angebot reicht vom Abenteuerbad über Paintball bis hin zum Spa für erschöpfte Eltern. G6

6 ARVIDSJAUR

160 km westlich von Luleå/2 Std. mit dem Auto über die 94

Das kleine Städtchen (7000 Ew.) bezeichnet sich selbst als Tor nach Lappland. Bekannt über Landesgrenzen hinweg ist der alte samische Handelsplatz jedoch als internationales Zentrum für Autotestfahrten. Vor allem im Winter werden – oft unter strengster Geheimhaltung – rund um Arvidsjaur Fahrsicherheitstests mit neuen Modellen unternommen.

Auch Besucher können ihre Fahrkünste auf dem Eis testen *(skogenhotell.se)*. Im Winter sehr beliebt sind außerdem Scooter- und Hundeschlittentouren (z. B. von *triple-x-adventures.com* oder *myrkulla.com*).

Im übersichtlichen Stadtzentrum liegt die aus 80 gut erhaltenen Holzhäusern bestehende „Samenstadt" (Lappstaden) aus dem 17. Jh., 3 km außerhalb von Arvidsjaur wird in der Glaskunsthandwerkstatt *Arctic Glas (Renvallen 104 | Tel. 0960 121 05 | arcticglas.se)* in den Sommermonaten auch zu Kaffee und Kuchen gebeten. F5

7 SORSELE

240 km südwestlich von Luleå/3 Std. mit dem Auto über die 94 und E45

Der Ort inmitten großartiger Landschaften ist ein guter Ausgangspunkt für Angeltouren, Wanderungen und Wildwasserfahrten. Seit fast 100 Jahren machen die Züge der *Inlandsbahn (inlandsbanan.com)* in Sorsele Halt. Dort im Bahnhof befindet sich das *Museum (Stationsgatan 19 | Tel. 0952 140 90)* dieser außergewöhnlichen Bahn, die auf Wunsch der Fahrgäste sogar auch mal einen Badestopp einlegt. E5

KIRUNA

(🕮 F2) **Kiruna (17 000 Ew.) ist die nördlichste Stadt Schwedens. Schlagzeilen macht die Bergbaustadt derzeit durch ein weltweit einmaliges Projekt: ★ Kiruna zieht um.**

Bis 2035 wird u. a. das gesamte Zentrum versetzt, um an Eisenerzvorkommen unter dem Stadtkern zu gelangen. Betroffen ist auch das erst vor wenigen Jahren in Kiruna angesiedelte Parlament der samischen Minderheit *(sametinget.se)*.

Kiruna eignet sich hervorragend als Ausgangspunkt für Wander- und Schlittentouren in die Umgebung. Sehenswert ist auch die seit den 1960er-Jahren in der Nähe von Kiruna beheimatete Raketenbasis Esrange *(sscspace.com/contact/#visitor-center)*. Das kleine, unbemannte Besucherzentrum *(tgl. 8–18 Uhr)* informiert über die Tätigkeit auf Esrange. Hier geht es nicht um militärische, sondern um zivile Forschung.

SIGHTSEEING

KIRUNA KYRKA

Für den Entwurf dieses ungewöhnlichen Gotteshauses stand ein samisches Zelt Pate. Ein Teil der Gemälde im Inneren der Holzkirche stammt von Prinz Eugen, dem 1945 verstorbenen Spross der Königsfamilie. Auch die Kirche muss im Rahmen des Stadtumzugs versetzt werden, und zwar vermutlich im Jahr 2025. *Finngatan 1*

LKAB-ERZGRUBE

Kirunas Wohlstand kommt aus der Erde. Hier wird seit einem Vierteljahrtausend Eisenerz abgebaut. Die Grube ist schon von Weitem ein imposanter Anblick. In 540 m Tiefe liegt das Minenmuseum *(nur mit Führung, kein Einlass für Kinder unter 6 J. | 410 SEK/3 Std. inkl. Kaffee und Kuchen | Buchung über das Turistbyrå: Centralplan 4 | kirunalapland.se/en/activities/lkabs-visitor-centre/)*.

INSIDER-TIPP
Glück auf – für Schnelle

Die Grubenführungen sind schnell ausgebucht, reserviere frühzeitig.

ESSEN & TRINKEN

CAMP RIPAN RESTAURANT

Hier folgt man den acht (!) samischen Jahreszeiten und serviert regionale Spezialitäten. Wie wär's mit Shiitakepilzen aus der Erzgrube? *Tgl. 17–22 Uhr | Campingvägen 5 | Tel. 0980 6 30 00 | ripan.se | €€*

SPORT & SPASS

Kiruna bietet viele Outdooraktivitäten. Gleite im Winter mit Hundeschlitten oder Schneemobil durch die Landschaft, z. B. mit *Kiruna Guidetur (Hundeschlitten 2,5 Std. 1295 SEK, Schneemobil 3,5 Std. 1145 SEK | auch Tagestouren | Tel. 0980 8 11 10 | kirunaguidetur.com)*. Ortskundige Führer nehmen dich mit auf Elchsafari oder die Suche nach dem Polarlicht. Im Sommer gibt's Boots- und Kajaktouren, *z. B. bei Guide B-O (3,5 Std. 795 SEK | Tel. 0730 25 74 21 | guideb-o.se)*.

Herausforderung nur für Geübte: Wandern im Abisko-Nationalpark

Auch wandern kannst du hier hervorragend *(Karten im Turistbyrå, s. o.)*.

RUND UM KIRUNA

8 ISHOTELLET

20 km östlich von Kiruna/20 Min. mit dem Auto über die E10

In Jukkasjärvi liegt das berühmte Eishotel. Jedes Jahr werden Teile der Anlage aus Eisblöcken neu aufgebaut. Andere Iglus bleiben dank Kühlung durch Sonnenenergie ganzjährig erhalten. Das Hotel ist aber viel mehr als ein Ort zum Übernachten. In einem Kurs lernst du die Kunst, Eis in Skulpturen zu verwandeln *(1,5-Stunden-Kurs 895 SEK)*. Du kannst außerdem angeln, reiten und sogar heiraten. Zudem bietet das Hotel ganzjährig täglich Führungen *(Mitte April–Nov. 295 SEK, Kinder bis 12 J. gratis, Mitte Dez.–Mitte April 350 SEK)* an. Das Ticket berechtigt auch zum Aufenthalt tagsüber im Hotel. *Jukkasjärvi | Tel. 0980 6 68 00 | icehotel.com | F2*

INSIDER-TIPP
Zaubere ein Kunstwerk aus Eis

9 ABISKO-NATIONALPARK ★

100 km nordwestlich von Kiruna/ 1 Std. 15 Min. mit dem Auto über die E10, 1 Std. 45 Min. mit dem Zug

Mit 77 km² gehört Abisko zu den kleineren Reservaten. Weil der Park so gut erschlossen ist, ist er der beliebteste in Schweden. Die Landschaft gleicht einer eintönigen Steppe, doch gerade das macht den Reiz aus. Mehrtägige Wander- oder Skitouren sollten nur

Wer macht mit?
Rentierschlittenrennen in Jokkmokk

Geübte unternehmen, möglichst mit ortskundigem Führer (für mehr Information siehe *visitabisko.com*). Ein guter Ausgangspunkt ist die *Jugendherberge Abisko Turiststation (ganzjährig geöffnet | Tel. 0980 402 00 | abisko.nu | €)* am nördlichen Rand des Parks an der gleichnamigen Bahnstation. Dort findest du im Winter auch Langlaufloipen für mehrstündige Touren und einen Haushang zum Abfahrtslauf. Im Park gibt es Hütten *(svenska turistforeningen.se)* und Möglichkeiten zu zelten. *E-F2*

10 AURORA SKY STATION ★

100 km nordwestlich von Kiruna/ 1 Std. 15 Min. mit dem Auto, 2 Std. mit der Bahn

Wenige hundert Meter *(10–15 Min. Fußweg)* von der Abisko Turiststation entfernt befindet sich die Talstation des Sessellifts auf den über 1000 m hohen Berg Nuolja *(Fahrzeit 20 Min. | ab 195 SEK)*. An der Bergstation liegt die Aurora Sky Station. Sie gilt als einer der besten Aussichtspunkte für das Nordlicht weltweit. Die umliegenden Berge verhindern nämlich die Wolkenbildung, und künstliche Beleuchtung gibt es hier im weiten Norden kaum. Neben Aussichtsterrassen und einem Restaurant gibt es Erlebnisräume, in denen Besucher das Phänomen des Nordlichts erklärt bekommen.

Im Winter *(Nov.– März, 21–1 Uhr)* ist die Sky Station nachts geöffnet und Guides beantworten Fragen *(Bergbahnticket mit Führung 715 SEK)*. In den Sommermonaten ist die Station auch tagsüber *(Mitte Juni–Mitte Sept. 9.30–16 Uhr)* offen, und Mitternachtssonnenfahrten *(Mitte Juni–Mitte Juli 20–1.30 Uhr)* werden angeboten. *auroraskystation.com* | *F2*

11 RIKSGRÄNSEN

130 km nordwestlich von Kiruna/ 1 Std. 40 Min. mit dem Auto über die E10

INSIDER-TIPP
Mitternachtsslalom

Im höchstgelegenen Dorf der Gegend (606 m) sind manche Pisten um Mittsommer herum unter der Mitternachtssonne befahrbar. Die Lifte öffnen extra an diesen Tagen. Skier kannst du vor Ort mieten. Die Unterkunft solltest du aber frühzeitig buchen. Mehr Infos auf *riksgransen.se* | *E2*

12 KEBNEKAISE

90 km westlich von Kiruna/1 Std. 15 Min. mit dem Bus bis Nikkaluokta, danach Scooter/Skier

Mit knapp 2100 m ist der Kebnekaise Schwedens höchster Berg. Er hat zwei Spitzen, von denen der Südgipfel historisch der höhere war. Er ist im Gegensatz zu seinem felsigen Nordbruder von einem dicken Gletscher bedeckt, der in den letzten Jahren immer mehr schmolz. Laut jüngsten Messungen ist mittlerweile der Nordgipfel mit 2097 m der höhere. Ein guter Ausgangspunkt für Touren in das Gebiet ist die *Fjällstation (Tel. 0980 5 50 00 | stfkebnekaise.com)*. *E2*

13 SAREK-NATIONALPARK

320 km südwestlich von Kiruna/4 Std. mit dem Auto über die E10 und E45 nach Kvikkjokk, dann zu Fuß

Einer der beeindruckendsten Nationalparks Schwedens. Er umfasst 2000 km² unberührtes Hochgebirge mit etwa 100 Gletschern und tiefen Tälern, die von reißenden Stromen wie dem 45 km langen Rapaätno, dem wasserreichsten Fluss Schwedens, durchzogen sind. Im Park leben Elche, Bären, Luchse und natürlich Rentiere. Doch Achtung: Die schwer zugängliche Wildnis ist wirklich nur etwas für geübte und outdoorerprobte Wanderer mit Abenteuerlust. Es gibt weder Pfade noch Hütten. Ausgangspunkt für Touren ist Kvikkjokk. *E3*

14 JOKKMOKK

215 km südlich von Kiruna/2 Std. 40 Min. mit dem Auto über die E10 und E45

Ursprünglich ein reiner Marktplatz der Samen, ist Jokkmokk heute eine feste Ortschaft. Der traditionelle Wintermarkt *(jokkmokksmarknad.se)* im Februar ist eine große (Touristen-)Attraktion. Trau dich und mach mit bei einem der Rentierrennen, die auch für Besucher offen sind. Das Berg- und Samenmuseum *Ájtte (Feb.–6. Mai u. Mitte Sept.–Ende Dez. Di–Fr 10–16, Sa 12–16, 7. Mai–Mitte Juni u. Mitte Aug.–Mitte Sept. zusätzl. So 12–16, Mitte Juni–Mitte Aug. tgl. 9–18 Uhr | Eintritt 100 SEK | ajtte.com)* erzählt die Kulturgeschichte der Samen. *F4*

INSIDER-TIPP
Mit dem Rentierschlitten übers Eis

SCHÖNER SCHLAFEN IM NORDEN

TRADITION MEETS MODERNE

Das 1894 gebaute *Stora Hotellet (82 Zi. | Storgatan 46 | Umeå | Tel. 090 77 88 70 | storahotelletumea.se | €€)* liegt im Herzen von Umeå. Das luxuriöse Boutiquehotel bietet eine extravagante Mischung aus modernem Design und historischem Seefahrtsambiente.

MIT SKYBAR

Im *Clarion Sense Hotel (228 Zi. | Skeppsbrogatan 34 | Luleå | Tel. 0920 45 04 50 | clarionsense.se | €€€)* gibt es Fotokunst und Designmöbel in jedem Zimmer, außerdem eine Skybar. Im Restaurant *Nine* gibt's zur Aussicht noch schickes Essen.

ERLEBNIS TOUREN

Lust, die Besonderheiten der Region zu entdecken? Dann sind die Erlebnistouren genau das Richtige für dich! Ganz einfach wird es mit der MARCO POLO Touren-App: Die Tour über den QR-Code aufs Smartphone laden – und auch offline die perfekte Orientierung haben.

1 DER GÖTAKANAL MIT RAD UND SCHIFF

- Radeln auf dem Treidelpfad
- Rekord: 30 Sekunden mit der Fähre
- Dampfer fahren auf dem historischem Kanal

Karlsborg

Karlsborg

130 km (90 km Rad, 40 km Schiff)

5 Tage, reine Fahrzeit 10 Stunden Rad, 4,5 Stunden Schiff

Achtung: Übernachtungen und Schiffstour *(mssandon.se/?l=eng)* vorab reservieren! Das Schiff – die MS Bellevue – fährt nur sonntags von Töreboda nach Karlsborg! Plan deine Tour entsprechend!

Götakanal-Tour: Mit dem Rad immer am Wasser entlang, mit dem Schiff zurück

ERST MAL ANKOMMEN ...

Deine Tour startet in ① Karlsborg (3700 Ew.). Heute geht's noch nicht aufs Rad, sondern erst mal in die gut erhaltene Festung *(Museum tgl. 10–18 Uhr | Eintritt 70 SEK)* aus dem 19. Jh. Das riesige Festungsgelände war als Stadt in der Stadt gedacht – mit Kirche, Geschäften und Wohnhäusern. Eine nette Unterkunft ist das Kanalhotellet *(26 Zi. | Storgatan 94 | Tel. 0505 1 21 30 | kanalhotellet.se | €€)* im Schweizer Stil. Es wurde bereits 1894 eröffnet und ist somit auch ein Stück Kanalgeschichte. Fahrräder kannst du z. B. bei Cykelaffären i Karlsborg *(Strandvägen 59 | Tel. 0505 101 37 | facebook: @cykelaffaren)* mieten.

TAG 1

① Karlsborg

PER RAD ZUR ÄLTESTEN SCHLEUSE

Am nächsten Morgen geht's los. *Starte in nördlicher Richtung gen* ② Forsvik. Dort kannst du dir die älteste Schleuse (1813) des Götakanals anschauen und im Industriedenkmal *(Mitte Mai–Juni u. Aug tgl. 12–18 Uhr, Juli tgl. 10–17 Uhr | Eintritt frei | forsviksbruk.se)* beobachten, wie im 15. Jh. Mehl gemahlen und Eisen geschmiedet wurde. *Ein Abstecher führt zum* ③ Vaberg *südlich der Stadt.* Der Berg ist gespickt mit Verteidigungsanlagen (19. Jh.), die als Ergänzung zur

TAG 2-3

11,5 km 1 Std. 10 Min.

② Forsvik

6,5 km 1 Std. 5 Min.

③ Vaberg

20 km 1 Std. 20 Min.

Festung Karlsborg dienten. Vom Gipfel blickst du über Festung, Stadt sowie die Seen Booten und Vättern. Entspannt radelst du *weiter auf kleinen Landstraßen um die Südspitze des Sees Viken herum. Du verlässt die Landstraße 202 rund 7 km nördlich von Forsvik und passierst dann das* bereits im Mittelalter bekannte *Dörfchen* **4 Beateberg** (ca. 120 Ew.). Wirf einen Blick in die markante **Kirche**, danach bietet sich der **Badestrand** zu einer Pause an. *Weiter geht es auf wenig befahrenen, weitgehend asphaltierten Sträßchen. Nach 7 km biegst du rechts (Norden) auf einen nicht asphaltierten Weg und kommst nach weiteren 7 km nach Tåtorp.* Wer lieber auf asphaltierter Straße fährt, biegt erst im Weiler Lagerfors rechts ab und fährt einen Umweg nach Tåtorp.

4 Beateberg
15 km 55 Min.

EINFACH MAL CHILLEN!

Dort übernachtest du im wunderschönen Gästehaus **5 Tåtorps Café & Logi** *(Mitte Juni–Mitte Aug. | Tel. 070 5 30 86 37 | tatorp.se | €)* mit Garten. Das Haus ist mit Holz aus der Region gebaut, das Essen kommt aus dem angeschlossenen Biogarten. Und weil's hier so schön ist, bleibst du ein bisschen länger und verbringst Tag 3 mit Angeln, Kanufahren, Wandern oder Nichtstun!

5 Tåtorps Café & Logi

TREIDELPFADE UND MINIFÄHRE

Am nächsten Tag geht's auf dem gut ausgeschilderten Treidelpfad am Kanal weiter Richtung Sjötorp. Im Ort ❻ Töreboda ist das Café Visthuset *(Juni–Aug. tgl., Mai Do–So | Kanalvägen 2 | Tel. 0506 77 75 50)* eine gute Wahl für eine Rast. *Mit der kürzesten Fährverbindung Schwedens – keine 30 Sekunden! – setzt du über das Wasser und folgst dem Götakanal weiter Richtung Norden. Nach etwa 5 km wird der Kanal nochmals breiter, du kommst zum* Magasinet in ❼ Hajstorp, wo im Sommer Kunsthandwerk verkauft wird. Nächster Zwischenstopp ist ❽ Norrqvarn. Im Restaurant des Hotel Norrqvarn *(Mai–Sept. tgl., sonst auf Bestellung | Tel. 0501 50770 | norrqvarn.se | €€)* warten traditionelle schwedische Speisen auf dich. Neben dem Hotel sind Teile des Götakanals in Miniatur nachgebaut. *Bis* ❾ Sjötorp *sind es nun noch gut 7 km.* Hier gibt es ein weiteres Kanalmuseum *(Öffnungszeiten erfragen | Eintritt 40 SEK | Tel. 0501 5 15 40)* – mit alten Bootsmotoren und Teilen des Schiffs Valborg. Anschließend machst du dich auf den Rückweg nach ❿ Törebo-

INSIDER-TIPP
Kürzer geht's nicht!

TAG 4
15,5 km 55 Min.
❻ Töreboda
5,5 km 20 Min.
❼ Hajstorp
5 km 20 Min.
❽ Norrqvarn
9,5 km 35 Min.
❾ Sjötorp
19 km 1 Std. 10 Min.
❿ Töreboda

Mal wieder eine Schleuse: Hajstorp

TAG 5

50 km 11 Std. 20 Min.

❶ Karlsborg

da. Dort übernachtest du im gemütlichen B&B Prästgården *(5 Zi. | Nygatan 2 | Tel. 0506 12500 | prastgarden.nu | €€)*. Essen kannst du auf der Terrasse des Restaurants Krubb *(Juni–Mitte Aug. tgl. Lunch, Mi–Sa 17–21 Uhr Abendessen | Kanalvägen 6 | Tel. 0506 16500 | restaurangkrubb.se | €)* im Gästehafen. Ansonsten in *Mandy's Diner (Sommer tgl. 12–21, Rest des Jahres Mi–So 12–21 Uhr | mandysdiner.se/toreboda | €€)*. Am nächsten Morgen (nur jeden 2. Sonntag!) um 10.30 Uhr bringt dich die MS Bellevue *(unbedingt vorher reservieren! Erw. 700, Kinder 350 SEK, Fahrrad 150 SEK | gotakanal.se/de/157949/Gota-Kanal-Kanalfahrt-mit-MS-Bellevue/)* vom Anleger (beim Bahnhof) in 4,5 Std. zurück nach ❶ Karlsborg. Dort gibst du die Räder wieder zurück.

❷ ZU FUSS DURCHS GÖTEBORGER HINTERLAND

- Wandern auf dem Bohusleden
- Im Insidersee schwimmen
- Energiespeicher mit Kalorienbomben auffüllen

Tulebo	Kungälv
60 km	4 Tage, reine Gehzeit 15 Stunden
leicht	250 m

Mitnehmen: evtl. Grillutensilien für Tag 4
Achtung: Der Bohusleden ist zwar gut ausgeschildert, (Infos auf Deutsch unter: *bohusleden.se/lang/de*), nimm aber am besten eine Karte mit, da die Unterkünfte nicht direkt am Weg liegen.
Evtl. Kanus im ⓬ **Naturreservat Vättlefjäll** vorbestellen: *Tel. 031 3302265 | kanotpoolen.se*.

Blickrichtung wechseln lohnt sich: Decke im Schloss Gunnebo

SCHMUCKER SOMMERSITZ

Die ersten Kilometer des Bohusleden lässt du links liegen und fährst *mit den öffentlichen Verkehrsmitteln in gut 30 Minuten von Göteborg aus zum Startpunkt in* ❶ Tulebo am Tulebosee. *Die ersten Kilometer spazierst du durch lichte Waldstücke und entlang kleiner Seen. Dann geht es durch den* im englischen Stil angelegten ❷ Gunnebopark. Schau dir gern das Gunnebo-Schloss *(nur mit geführter Tour möglich, Infoblätter auf Deutsch, Mitte Juni–Mitte Aug. tgl. 12/13/14 Uhr, Mitte Aug.–Mitte Juni nur Sa/So | Tour 175 SEK | gunneboslott.se)* an. Der prachtvolle Bau aus dem 18. Jh. diente einem reichen Göteborger Kaufmann als Sommersitz. Im Café im Dienstbotenhaus kannst du eine Pause machen. Am Sommerende wird hier jedes Jahr der größte Markt Schwedens mit ausschließlich Ökoprodukten veranstaltet *(Jordens Mat) Folge dem Bohusleden bis Stensjön, wo die erste Etappe zu Ende geht.* Übernachten kannst du im ❸ Hotel Mölndalsbro *(42 Zi. | Nämndemansgatan 5 | Tel. 031 87 01 20 | hotelmolndalsbro.se | €€).*

TAG 1

❶ **Tulebo**

7,5 km 2 Std.

❷ **Gunnebopark**

4 km 1 Std.

❸ **Hotel Mölndalsbro**

TAG 2

5 km 1 Std. 10 Min.

❹ **Delsjöbadet**

250 m 5 Min.

❺ **Kaffestugan Lyckan**

6,5 km 1 Std. 40 Min.

BADEPAUSE UND GLÜCK!

Am zweiten Tag geht es weiter Richtung Norden. Bald macht der Weg einen starken Knick nach rechts und führt unter der Landstraße Nr. 40 hindurch zum See Stora Delsjö und dem ❹ Delsjöbadet, der größten Seebadestelle Göteborgs! Hier kannst du eine Badepause einlegen und im nahe gelegenen ❺ Kaffestugan Lyckan *(tgl. geöffnet | Tel. 031 83 14 32)* zu Mittag essen. Einige hundert Meter weiter vermietet der Paddelverein Kanus. *Die Wanderung verläuft einige Minuten am See entlang, bevor es durch den Wald in Richtung Norden geht und du nach etwa einer halben Stunde die Kleingartenanlage Delsjökolonin erreichst.* Wenn du Glück hast, siehst du dann bei deinem *weiteren Weg*

⑥ Naturschutzgebiet Knipeflågsbergen
3 km 45 Min.

⑦ Badesee Kåsjön
3 km 50 Min.

⑧ Jugendherberge

TAG 3
4,5 km 1 Std. 20 Min.

⑨ Jonsered
10,5 km 2 Std. 45 Min.

⑩ Angereds-Kirche
7,5 km 2 Std. 5 Min.

⑪ Hotel Surte

durch das ⑥ **Naturschutzgebiet Knipeflågsbergen** Rehe, Hasen oder Füchse. Bei ganz großem Glück sogar einen Elch. *Von der* **Anhöhe Getryggen** („Ziegenrücken") genießt du eine tolle Aussicht über Göteborg und Umgebung. Danach *kommst du zum* ⑦ **Badesee Kåsjön**. In **Åstebo** kannst du in der ⑧ **Jugendherberge** *(186 Betten | Landvettervägen 50 | Tel. 031 44 65 01 | partillevandrarhem.com | €)* schlafen.

WÄLDER UND SEEN

Am nächsten Morgen geht es durch Wald- und Seenlandschaft bis nach ⑨ **Jonsered**. Der alte Industrieort ist schottisch geprägt und umfasst viele Wohnhäuser und ein Gutshaus. *Dahinter führt der Weg links weiter. Durch eine kleine Schluchtlandschaft gelangst du zu den Seen Lilla und Stora Ramsjö.* Spring einfach rein! *Danach geht es über eine Hängebrücke zu einem Hochplateau* mit guter Aussicht über Göteborg und den Ort Partille. *Anschließend wanderst du durch mehrere Waldstücke und an einem See entlang bis zur* ⑩ **Angereds-Kirche**, deren Wurzeln bis ins 13. Jh. reichen. Übernachtungsmöglichkeiten sind hier leider rar, deshalb musst du ein paar Kilometer weiter wandern, zum ⑪ **Hotel Surte** *(56 Betten | Göteborgsvägen 24-26 | Tel. 031 98 05 80 | hotelsurte.se | €)* im gleichnamigen Ort.

AHOI!

Am letzten Tag wanderst du durch weitläufige Felder zum ⑫ **Naturreservat Vättlefjäll**. Nach ca. 2,5 km Richtung Nordosten kannst du auf der Westseite des Sees Surtesjön das vorbestellte Kanu mieten. Beim Kanuverleih kannst du den Grillplatz nutzen – falls du Grillzeug mitgenommen hast. *Eine gute Wanderstunde später verlässt du den Wald und siehst die eindrucksvollen Ruinen der Festung*

⑬ Bohus aus dem 14. Jh. Hier gibt es einen Kiosk und ein sehenswertes Heimatmuseum. *In nördlicher Richtung ist es nun nicht mehr weit bis nach* ⑭ Kungälv ➤ S. 63. Dort kannst du im Café Tant Rut *(tgl. | Västragatan 58 | Tel. 030 31 87 10 | cafetantrut.com)* deine Energiespeicher wieder auffüllen. Das altmodische Café serviert Pasta al Pesto ebenso wie hausgemachten Kuchen und Fairtrade-Kaffee. Am Marktplatz liegen eine Kirche aus dem 17. Jh., das Rathaus und das traditionsreiche Hotel *Fars Hatt*. Mit der Eisenbahn ab der Station Ytterby westlich des Ortszentrums geht es in einer halben Stunde zurück nach Göteborg.

TAG 4
4 km 1 Std. 15 Min.
⑫ Naturreservat Vättlefjäll
6 km 1 Std. 30 Min.
⑬ Bohus
400 m 6 Min.
⑭ Kungälv

3 AN DER OSTSEEKÜSTE NORDSCHWEDENS

- ➤ Teste beim Baden den Wikinger in dir
- ➤ Kunst satt in der Kulturhauptstadt
- ➤ Höga Kusten vom Boot aus genießen

Start: Piteå
Ziel: Sundsvall
→ 500 km
5 Tage, reine Fahrzeit 7 Stunden

ℹ Achtung: Übernachtung im ❻ **Leuchtturm** von Bjuröklubb frühzeitig buchen *(Tel. 07220 4 21 00)*, Verpflegung für die Übernachtung mitnehmen, außerhalb der Café-Öffnungszeiten gibt es dort weder Essen noch Getränke!

SPUREN AUS DER BRONZEZEIT

Fahr in ❶ Piteå ➤ S. 98 *auf die E4 Richtung Süden. Nach knapp 20 km erreichst du die Ortschaft Jävre. Hier lohnt der 8 km lange Wanderweg* ❷ Arkeologstigen *einen Stopp*: Am Weg liegen Grabfelder aus der Bronzezeit und die Steinkonstruktion „liegende Henne", die

TAG 1
❶ Piteå
26,5 km 40 Min.
❷ Arkeologstigen

Bestens erhalten: die Häuser der Lövånger Kirchstadt, im Haupthaus ist ein Café

31 km 1 Std. 5 Min.

3 Byske

wohl einst eine Opferstelle war. *Der Weg führt weiter auf den Gipfel des Högberget,* dort gibt es am Wegesrand einen kleinen Grillplatz mit Blick übers Meer. *Zurück auf der E4 kommst du nach rund 31 km in* **3 Byske** *an*. Funde deuten darauf hin, dass dort bereits vor 6000 Jahren Menschen siedelten. Am Strand **Byskehavsbad** *(Tel. 09126 12 90 | byskehavsbad.se)* kannst du campen oder eine Hütte mieten, dich einfach an den Strand legen oder einen Sprung in den Bottnischen Meerbusen wagen.

TAG 2

33,5 km 25 Min.

4 Skellefteå

22,5 km 20 Min.

5 Bureå

37,5 km 40 Min.

KIRCHE, KUNST UND KLOSTERHÜGEL

Bis nach **4 Skellefteå** sind es ca. 30 km. Sehenswert ist die Kirche von 1795 mit ihren Holzskulpturen. Das **Museum Anna Nordlander** *(Di 10–19, Mi–So 10–16 Uhr | Eintritt frei | Nordanå, Ernst Westerlundsallé)* zeigt Werke nordeuropäischer Künstlerinnen und Künstler. *Folge der E4 aus Skellefteå hinaus, und biege nach 17 km links auf den Norra Kustvägen Richtung* **5 Bureå**, wo du den nächsten Stopp einlegst. Von der Kirche im nationalromantischen Stil führt ein Spazierweg zum Klosterhügel *(Klosterholmen)*, der sich perfekt für ein Picknick eignet. *Weiter geht es mit dem Auto auf dem Norra Kustvägen.* Auf der schmalen Straße fährt kaum ein

Auto. *Nach 35 km kommst du nach Bjuröklubb. An der Spitze einer stillen Bucht steht der gleichnamige* ❻ Leuchtturm, der heute ein Café *(Juni/Aug. tgl. 11–18, Juli tgl. 11–20 Uhr)* beherbergt und Gästezimmer *(7 Betten | bjuroklubb.se | €€)* anbietet – für Verpflegung außerhalb der Café-Öffnungszeiten müssen Gäste allerdings selbst sorgen. Verpass nicht, zum ❼ Jungfrauenhafen zu spazieren, einem Hafen, der hier im 13. Jh. angelegt wurde. Im Wald dahinter stehen Reste mittelalterlicher Häuser.

❻ Leuchtturm
350 m 5 Min.

❼ Jungfrauenhafen

ZUR BERÜHMTEN HÖGA KUSTEN

Nach dem Frühstück fährst du wieder auf die E4 und setzt deine Fahrt Richtung Lövånger fort. In der Kirchstadt von ❽ Lövånger, die zu den am besten erhaltenen des Landes gehört, schliefen früher die von weither angereisten Gläubigen. Heute befindet sich im Haupthaus das Café Lillstugan *(Mitte–Ende Juni/Anfang–Mitte Aug. tgl. 10–18, Juli tgl. 10–21 Uhr | Kungsvägen 31 | Tel. 0913 102 03)* mit frischem Gebäck und leichten Speisen. *Nach knapp 90 km weiter auf der E4 bist du in* ❾ Umeå ➤ S. 98. In Europas Kulturhauptstadt des Jahres 2014 findest du Galerien und Museen zu moderner Kunst, ihre Besichtigung lohnt sich! *Über*

TAG 3
27 km 40 Min.

❽ Lövanger
87,5 km 1 Std. 5 Min.

❾ Umeå
188 km 2 Std. 30 Min.

⑩ **Bönhamn**
42,5 km 40 Min.

⑪ **Hotel Höga Kusten**

Örnsköldsvik kommst du in die Region Höga Kusten ➤ S. 85. Schau dir den Fischerort ⑩ Bönhamn mit der Kapelle aus dem 17. Jh. an, bevor du in Sandöverken in Schwedens erstem vollständig mit Windkraft betriebenen Hotel, dem ⑪ Hotel Höga Kusten *(Hornöberget | Tel. 0613 72 22 70 | hotellhoga-kusten.se | €€€)* schon mal für die Nacht eincheckst und die Aussicht genießt. In der traumhaften Landschaft drumherum lässt es sich gut wandern, reiten oder schwimmen, vielleicht verlängerst du deinen Aufenthalt ja sogar …

TAG 4
25,5 km 20 Min.

⑫ **Härnösand**
14,5 km 15 Min.

KULTURGESCHICHTE UND GUTSHOF

Am nächsten Morgen geht es weiter nach ⑫ Härnösand. Das Freilichtmuseum Murberget *(Ende Juni–Mitte Aug. tgl. 12–16 Uhr | Eintritt frei | murberget.se)* verschafft einen Überblick über die Kulturgeschichte Nordschwedens. In der sommerlichen Hochsaison legen in Härnösand Ausflugsschiffe *(Tel. 07066 0 52 92 | adalen3.com | Tel. 0613 1 05 50)* ab, die in die landschaftlich traumhafte Region Höga Kusten fahren.

⑬ **Vårdkasberget**
32,5 km 30 Min.

Vom vor der Stadt gelegenen ⑬ Vårdkasberget überblickst du Stadt und Umland. *Über kleine asphaltierte Landstraßen geht es nun eine Stunde in Richtung Süden*, vorbei an kleinen Seen, Bauernhöfen und durch Wälder *bis zum schön gelegenen Gutshof* ⑭ Söråkers Herrgård *(Rigstavägen 15 | Söråker | Tel. 060 4 08 40 |*

⑭ **Söråkers Herrgård**

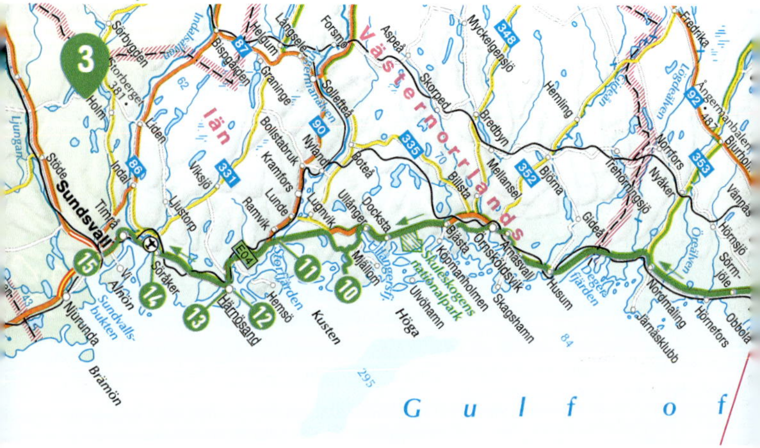

Startpunkt der Ausflugsschiffe zu Höga Kusten: Hafen von Härnösand

sorakersherrgard.com | *€€)*, der sich als Übernachtungsort anbietet. Hier kannst du Ruhe und feines Essen aus der hauseigenen Küche genießen. *Am nächsten Morgen geht es weiter auf der E4 nach* ⑮ **Sundsvall** ➤ S. 89, in die für Nordeuropa einzigartige Steinstadt aus den 1890er Jahren, wo deine Tour zu Ende ist.

TAG 5

26 km 20 Min.

⑮ Sundsvall

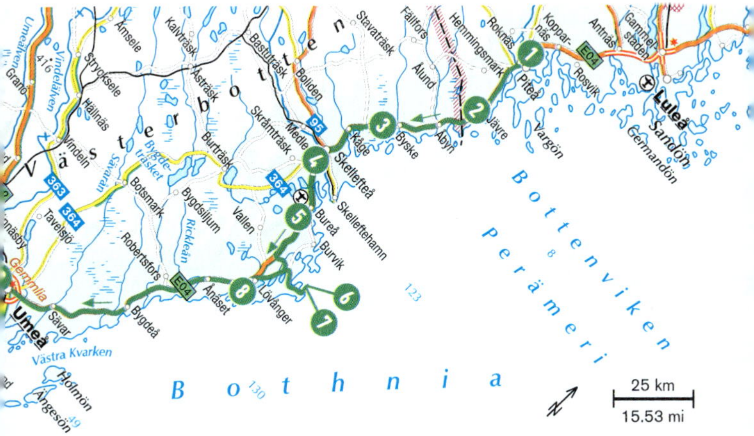

GUT ZU WISSEN

DIE BASICS FÜR DEINEN URLAUB

ANKOMMEN

ANREISE

Aus Deutschland gibt es mehrere Verbindungen mit der Autofähre nach Schweden (die unten genannten Telefonnummern gelten von Deutschland aus). Von Travemünde aus geht es sowohl nach Malmö *(Finnlines | 9 Std. | Tel. 04511 507443 | finnlines.com)* als auch nach Trelleborg *(TT Line | 7 Std. | Tel. (*)0180 6666600 | ttline.de)*. TT und Stena Line bedienen auch die Strecke Rostock–Trelleborg *(5 ½ Std. | Stena Line (*)0180 6020100 | stenaline.de)*. Stena verbindet außerdem Kiel mit Göteborg *(14 ½ Std.)* und Sassnitz mit Trelleborg *(4 Std.)*. Am schnellsten geht es mit dem Katamaran von Sassnitz nach Ystad *(FRS Baltic | 2 ¼ Std. | Tel. 0461 864608| frs-baltic.com)*. Scandlines fährt von Puttgarden ins dänische *Rødby (45 Min.)*, von dort aus weiter über Kopenhagen und die Öresundbrücke *(Scandlines | Tel. 0381 77887766 | scandlines.de)*. Die Überfahrt *(64 EUR/Pkw)* kann online *(oeresund-bruecke.de)* gebucht werden. Wer in die Nähe von Stockholm möchte, nimmt die Nachtfähre von Rostock nach Nynäshamn *(Hansa Destinations | 16 ½ Std. | Tel. +46 771702550 | hansadestinations.com)*.

Schweden ist per Bahn über Hamburg–Kopenhagen/Öresundbrücke bzw. Berlin–Stralsund/Eisenbahnfähre erreichbar. Seit 2021 gibt es wieder einen Nachtzug auf der Strecke Berlin–Hamburg–Kopenhagen–Malmö–Stockholm *(snalltaget.se)*.

Für alle mit kleinem Portemonnaie und viel Zeit im Gepäck bieten sich die Fernbusverbindungen nach Schweden an. Eurolines *(eurolines.de)* bringt dich für rund 55 Euro in 9 Std. von Berlin nach Malmö. Mit Flixbus

Willkommen in Göteborgs Hafen!

(flixbus.de) fährst du 18 Std. von Hamburg nach Stockholm für ca. 90 Euro. Flüge nach Schweden sind sehr preiswert, wenn du frühzeitig buchst. *SAS* und *Lufthansa* bieten die meisten Flüge an, auch die Billigflieger *Norwegian Air* und *Eurowings* bedienen mehrere Strecken. Aus der Schweiz fliegen *Swiss* und *SAS* Stockholm direkt an. Österreicher erreichen den Flughafen Arlanda mit Direktflugen von Wien *(Austrian)*.

Vor allen an den Flughäfen geht die Einreise problemlos und zügig vonstatten. Bei der Einreise über die Öresundbrücke via Dänemark kann es jedoch manchmal zu etwas zeitaufwendigeren Grenzkontrollen kommen.

EINREISE

Für die Einreise reicht für Bürger aus EU-Staaten und der Schweiz der Personalausweis.

ZEIT

In Schweden gilt die mitteleuropäische Zeit inklusive Sommerzeit.

WEITER-KOMMEN

AUTO

In Schweden musst du rund um die Uhr mit Licht fahren. Das Tempolimit in Ortschaften beträgt 50 km/h, außerhalb zwischen 70 und 110 km/h. Die Promillegrenze liegt bei 0,2. Strafen bei Verstößen gegen die Straßenverkehrsordnung sind oft drastischer als in Deutschland. Parkplätze sind in den großen Städten rar und teuer, dafür ist der öffentliche Nahverkehr gut ausgebaut. Autofahrer bezahlen in Stockholm (max. 135 SEK/Tag) und Göteborg (max. 60 SEK/Tag) von 6 bis

GRÜN & FAIR REISEN

Du willst beim Reisen deine CO_2-Bilanz im Hinterkopf behalten? Dann kannst du deine Emissionen kompensieren *(atmosfair.de; myclimate.org)*, deine Route umweltgerecht planen *(routerank.com)* oder auf Natur und Kultur *(gate-tourismus.de)* achten. Mehr über ökologischen Tourismus erfährst du hier: *oete.de* (europaweit); *germanwatch.org* (weltweit).

18.30 Uhr eine City-Maut. Die Gebühr richtet sich nach der Tageszeit. Ausgenommen sind Feiertage, Wochenenden und der Monat Juli. Die Gebühr wird an Verkehrskontrollpunkten automatisch registriert. Die Abrechnung erfolgt via *epass24.com*.
Autoeinbrüche sind leider auch in Schweden keine Seltenheit. Selbst in Parkhäusern lässt du am besten weder Wertsachen noch Gepäck im Fahrzeug.

BUS

Bequeme Langstreckenbusse, meistens von regionalen Anbietern, verbinden die meisten Städte. Bei der Planung hilft die Überblicksseite *rese planerare (reseplanerare.resrobot.se)*.

MIETWAGEN

Mietwagen sind in Schweden relativ teuer. Wer wenig fährt, kann allerdings schon ab ungefähr 40 Euro (400 SEK) für einen Tag einen kleinen Wagen mieten. Im Sommer gibt es außerdem oft Sonderangebote. Dichte Filialnetze und günstige Preise bieten die Tankstellenketten *Circle K (circlek.se)* und *OKQ8 (okq8.se)*.

ÖFFENTLICHE VERKEHRSMITTEL

Der öffentliche Verkehr ist gut ausgebaut und wird meist von privaten Firmen im Auftrag der Provinzen und Gemeinden betrieben. Da an den Wochenenden und vor allem im nördlichen Teil des Lands aber täglich nur wenige Verbindungen angeboten werden, ist dort eine sorgfältige Planung der Ausflüge und Reisen notwendig. Auf der Website *resplus.se* findest du alle Verbindungen in Schweden. In den größeren Städten ist der Kauf einer Mehrfahrtenkarte bzw. eines Tages- oder Mehrtagespasses ein Muss, kostet doch sonst beispielsweise eine kurze Fahrt mit der Stockholmer Metro ab ca. 50 SEK. Infos: *sl.se* (Stockholm), *vasttrafik.se* (Göteborg), *dalatrafik.se* (Provinz Dalarna).

TAXI

Taxis sind ein bequeme, aber nicht billige Alternative vor allem in den Städten. Es wird immer üblicher, sein Taxi per App zu bestellen.

ZUG

Die größte Eisenbahngesellschaft ist SJ *(sj.se)*. Verschiedene Regionalgesellschaften bieten im Sommer Ticketpässe zu günstigen Konditionen an (z.B. *tagkompaniet.se, inlandsbanan.se*). Eine Besonderheit ist der schicke Luxus-Gourmet-Zug *Blå Tåget (blataget.com)* mit Pianobar, der Göteborg mit Stockholm und Uppsala verbindet – da wird schon die Reise zum Urlaub.

FESTE & EVENTS

RUND UMS JAHR

JANUAR

Snöfestival (Kiruna): Schnee- und Eisskultpurenfestival, *snofestivalen.com*

Göteborg Filmfestival (Göteborg): Größtes Filmfest Nordeuropas, *goteborgfilmfestival.se*

FEBRUAR

Jokkmokk Marknad (Jokkmok): Traditioneller Wintermarkt der Samen, *jokkmokksmarknad.se*

MÄRZ

Vasaloppet *(*Sälen, Mora): Ältestes und größtes Skilanglaufrennen (90 km) der Welt, *vasaloppet.se*

30. APRIL/1. MAI

Valborg (ganz Schweden): Riesige Feuer zur Begrüßung des Frühlings

JUNI

★ **Midsommar** (ganz Schweden): Feier der Sommersonnenwende, *short.travel/swe56* (Foto)

Summerburst (Göteborg und Stockholm) Elektronische Tanzmusik, *summerburst.se*

JULI

Storsjöyran (Östersund): Schwedens ältestes Musikfestival, *yran.se*

Stockholm Pride (Stockholm): Stockholms Christopher Street Day, *stockholmpride.org*

AUGUST

Mittelalterfeste (Visby, Arboga): *medeltidsveckan.se, arbogamedeltid.se*

Kräftskiva (ganz Schweden): Flusskrebsessen mit Liedern, Papphütchen und Schnaps

Way Out West (Göteborg): 3-tägiges Musikfestival mit Öko-Fokus, *wayoutwest.se*

DEZEMBER

Luciafest (ganz Schweden): Mit vielen Kerzen auf dem Kopf bringt Santa Lucia am 13. Dezember Licht ins Dunkel

IM URLAUB

AUSKUNFT
Visit Sweden *(visitsweden.se)* ist die offizielle Website Schwedens. Die Seite ist übersichtlich gegliedert und sehr informativ. Dort findest du fast alles, was du zur Planung deines Urlaubs brauchst – auch auf Deutsch. Alle Regionen und Städte haben zudem ihr eigenes *turistbyrå*. Die Websites sind häufig jedoch nur auf Englisch (z. B. *visitstockholm.com*, *goteborg.com*, *malmotown.com*, *gotland.com*).

FEIERTAGE

1. Jan.	*Nyårsdagen* (Neujahrstag)
6. Jan.	Heilige Drei Könige
Karfreitag/Ostermontag	*Påsk* (Ostern)
1. Mai	*Majdagen*
Christi Himmelfahrt	*Kristi himmelsfärd*
6. Juni	Nationalfeiertag
Fr nach dem 21. Juni	*Midsommarafton*
Sa nach dem 21. Juni	*Midsommardagen*
1. Nov.	*Alla helgons dag* (Allerheiligen)
25. Dez.	*Juldagen* (Weihnachten)
26. Dez.	*Annandag jul* (Stefanstag)
31. Dez.	*Nyårsafton* (Silvester)

GELD & KREDITKARTEN
Schweden ist zwar Mitglied der Europäischen Union, die Landeswährung ist aber weiterhin die Schwedische Krone (SEK). Ums Geldwechseln musst du dich trotzdem nicht kümmern. Bargeld ist out. Viele Restaurants, Läden und Fahrbetriebe akzeptieren es nicht mehr. Mit einer Bankkarte (mit Maestro oder V-Pay-Funktion) kommst du überall durch. Falls du dennoch Bargeld möchtest, holst du es am besten am Geldautomaten. Kaum eine Bank in Schweden bietet noch einen Wechselservice an.

INTERNET & WLAN
Viele Cafés, Restaurants und Hotels, aber auch die meisten Städte und Gemeinden in Schweden bieten ihren Gästen kostenloses Wifi an. In Zügen und Bussen gehört das Gratis-Internet mittlerweile ebenfalls häufig zum Standardservice.

KLIMA & REISEZEIT
Ein dicker Pullover und eine Regenjacke gehören immer ins Gepäck. An den Küsten herrscht mildes Klima, mit nicht zu heißen Sommern und gemäßigten Wintern. Heiße Sommer und kalte Winter gibt es im Landesinnern. Doch auch in Stockholm fällt das Thermometer manchmal unter minus 10 Grad, und die Sonne lässt sich kaum blicken. Im Sommer scheint sie dafür umso länger. Im Juni ist es fast rund um die Uhr hell. Tipp vor Ort: Wie das Wetter wird, verrät zuverlässig die SMHI-App des Wetterdienstes.

MASSE & GEWICHTE
Wegstrecken werden in Schweden oft in schwedischen Meilen *(mil)* angegeben. Eine schwedische Meile entspricht 10 km. Bei Rezepten steht als Maßeinheit oft Deziliter statt Gramm.

ÖFFNUNGSZEITEN
Viele Geschäfte, vor allem Supermärkte, haben in Schweden bis abends (oft bis 21 Uhr und länger) sowie samstags und sonntags geöffnet. Museen,

Sehenswürdigkeiten und Vergnügungsparks haben je nach Saison stark variierende Öffnungszeiten. Von Mitte Juni bis Mitte August, wenn in Schweden Schulferien und die meisten Touristen im Land sind, haben alle Einrichtungen deutlich länger geöffnet als außerhalb der Saison. Beachte bei der Reiseplanung, dass in kleineren Orten Museen und Restaurants außerhalb des Sommers – also auch im Mai und September – nur sehr beschränkt geöffnet sind.

INSIDER-TIPP
Kurze Sommersaison

POST

Das Porto für Postkarten und Briefe (bis 20 Gramm) weltweit kostet 21 SEK. Die Postfilialen sind in den vergangenen Jahren fast verschwunden, dafür bieten viele Supermärkte und Kioske der Kette *Pressbyrån* Postdienstleistungen an.

PREISE

In den vergangenen Jahren sind die Preise für Urlauber in Schweden überdurchschnittlich gestiegen, was mit der verbesserten Restaurantqualität und mit der positiven Wirtschaftsentwicklung im Land zu tun hat. Buche auf jeden Fall Reisen und Übernachtungen möglichst frühzeitig und im Internet, besuche Restaurants zur Mittagszeit und nutze die weit verbreiteten Rabatte und Preisnachlässe für Kinder, Jugendliche und Studenten. In Restaurants werden z. B. auf Anfrage oft Kinderermäßigungen gewährt, auch wenn sie nicht auf der Speisekarte auftauchen.

STROM

230 Volt Wechselstrom, kein Adapter nötig.

TELEFON & HANDY

Die Vorwahl für Schweden ist 0046. Vorwahl nach Deutschland: 0049, nach Österreich: 0043, in die Schweiz: 0041.

Das Wegfallen von Roaminggebühren in der EU bedeutet nicht, dass eine Flatrate für das deutsche Netz auch automatisch eine Flatrate für das schwedische Netz ist. Prüfe also die Konditionen deines Vertrags, auch zum mobilen Surfen.

TRINKGELD

Trinkgeld in Cafés, Restaurants oder bei Taxifahrten ist in Schweden nicht so weit verbreitet wie in anderen Ländern. Gerade in Cafés bedient man sich ohnehin oft selbst. Wo aber or-

WAS KOSTET WIE VIEL?

Kaffee	ca. 4 Euro *für eine Tasse Kaffee*
Bier	ca. 6 Euro *für 0,4 Liter*
Fahrrad	30 Euro *für einen Tag in Stockholm*
Club	ca. 12 Euro *für den Eintritt*
Benzin	2,40 Euro *für einen Liter Normal*
Eis	5 Euro *für drei Kugeln in der Waffel*

Unterkünfte gibt's für jeden Geschmack

dentlich bis gut am Tisch serviert wird, ist es auch in Schweden üblich geworden, um bis zu 10 Prozent des Preises aufzurunden. Und grundsätzlich freut sich jeder, der gute Dienste leistet, über eine kleine Belohnung.

UNTERKÜNFTE

Es empfiehlt sich, Unterkünfte – vom Campingplatz bis hin zum Hotel – vor allem im Sommer besser im Voraus zu buchen. Gerade in den schwedischen Sommerferien (Ende Juni bis Mitte August) sind sie schnell ausgebucht.
Campingplätze: Rund 400 Plätze hat der Schwedische Campingverband registriert. *camping.se.*
Ferien auf dem Bauernhof: In über 300 Bauernhöfen in ganz Schweden sind Übernachtungsgäste willkommen. Oft wird ihnen neben Bett und Küche auch ein Aktivitätsprogramm geboten (Reiten, Kühe melken, Heuschobernacht etc.). *bauernhofurlaub-schweden.de*
Ferienhäuser und Feriendörfer: Informationen gibt es bei *Visit Sweden (visitsweden.de)*, dem örtlichen *turistbyrå* und in Reisebüros. Im Internet annoncieren zudem zahlreiche Privatpersonen und Vermittler. An vielen Stellen gibt es auch Feriendörfer *(semesterby)*. Diese Ansammlungen von preiswerten Hütten haben meist einfacheren Standard, liegen dafür aber oft an schönen Orten, an einem See oder am Meer.
Jugendherbergen: Zum Teil idyllisch gelegene und komfortable Jugendherbergen findest du beim schwedischen Touristenverein *(svenskaturistforeningen.se)* und dem Schwedischen Wanderheimverband *(svif.se)*.

ZOLL

Für die Ein- und Ausfuhr von Waren nach bzw. von Schweden gelten die Bestimmungen der EU. Als Richtwerte für Ein- und Ausfuhr dienen folgende Mengen: 10 l Spirituosen, 20 l Dessertweine, 90 l Wein oder 110 l Bier. Achtung: Man muss mindestens 20 Jahre alt sein, um Alkohol einführen zu dürfen. Hinzu kommen die generellen Obergrenzen von 800 Zigaretten oder 200 Zigarren. Bis auf Norwegen gehören alle nordischen und baltischen Nachbarländer der EU-Zollunion *(tullverket.se)* an.

NOTFÄLLE

DEUTSCHE BOTSCHAFT
Skarpögatan 9 | Stockholm | Tel. 08 6 70 15 00 | stockholm.diplo.de

ÖSTERREICHISCHE BOTSCHAFT
Kommendörsgatan 35/V | Stockholm | Tel. 08 6 65 17 70 | bmeia.gv.at/stockholm

SCHWEIZERISCHE BOTSCHAFT
Valhallavägen 64 | Stockholm | Tel. 08 6 76 79 00 | eda.admin.ch/stockholm

GESUNDHEIT
Versicherte werden in Schweden gegen Vorlage ihrer europäischen Versichertenkarte behandelt. Ruf bei Fragen immer zuerst das nationale Hilfstelefon *(vårdguiden)* unter der Nummer 1177 (vom ausländischen Handy +46 771 11 77 00) an. Dort geben erfahrene Krankenschwestern Auskunft (auf Englisch), welcher Arzt bzw. welches Krankenhaus in deinem Fall weiterhelfen kann. Stell dich auf lange Wartezeiten beim Arzt oder im Krankenhaus ein! Achtung: Nur bei lebensbedrohlichen Situationen gilt der Notruf 112.
Vor der Anreise ist eine Impfung gegen Frühsommer-Meningoencephalitis (FSME), die durch Zecken übertragen wird, empfehlenswert. Leitungswasser ist in der Regel bedenkenlos trinkbar.

NOTRUF
Nationale Notrufnummer ist in Schweden die 112.

WETTER IN STOCKHOLM

Hauptsaison
Nebensaison

	JAN.	FEB.	MÄRZ	APRIL	MAI	JUNI	JULI	AUG.	SEPT	OKT.	NOV.	DEZ.
Tagestemperaturen	-1°	-1°	3°	8°	14°	19°	22°	20°	15°	9°	5°	2°
Nachttemperaturen	-5°	-5°	-4°	1°	6°	11°	14°	13°	9°	5°	1°	-2°
Sonnenschein Stunden/Tag	1	2	5	7	9	10	9	7	6	3	1	1
Niederschlag Tage/Monat	10	7	6	7	7	8	9	10	9	9	10	11
Wassertemperatur in °C	3	1	1	2	5	10	15	15	13	10	7	4

Sonnenschein Stunden/Tag · Niederschlag Tage/Monat · Wassertemperatur in °C

SPICKZETTEL SCHWEDISCH

SMALLTALK

ja/nein/vielleicht	ja/nej/kanske	ja/nei/kannsche
bitte	varsågod	wascheguud
danke	tack	tack
Gute(n) Morgen!/Nacht!	God morgon!/God natt!	guh morronn/guh natt
Hallo!/Auf Wiedersehen!	Hej!	hej
Tschüss!	Hej då!	hejdoh
Ich heiße …	Jag heter …	ja hehter
Wie heißt du?/ Wie heißen Sie?	Vad heter du?	wah hehter düh?
Entschuldige!/ Entschuldigen Sie!	Ursäkta!/Förlåt!	ührschäckta/förloht
Wie bitte?	Ursäkta?	Ührschäckta?
Das gefällt mir (nicht).	Det tycker jag (inte) om.	deh tücker ja (innte) omm

ZEIGEBILDER

ESSEN & TRINKEN

Reservieren Sie uns bitte für heute Abend einen Tisch für vier Personen.	Vänligen boka ett bord till fyra personer för i kväll.	**wähnligen buhka ett buhrd till führa perrschohner föhr ikwell**
Die Speisekarte, bitte.	Menyn, tack.	**mehnühn tack**
Könnte ich bitte … haben?	Skulle jag kunna få …?	**skülle ja kunna foh …?**
Messer/Gabel/Löffel	kniv/gaffel/sked	**nihw/gaffell/schehd**
Salz/Pfeffer/Zucker	salt/peppar/socker	**sallt/peppahr/ßocker**
Ich möchte zahlen, bitte.	Jag skulle gärna vilja betala, tack.	**ja skülle järna willja behtahla tack**
Rechnung/Quittung	nota/kvitto	**nuhta/kwittu**
bar/Kreditkarte	kontant/kort	**konntannt/kurt**
Bäckerei	bageri	**bahgehri**
Supermarkt	stormarknad	**s-tuhrmarknatt**

NÜTZLICHES

Wo ist …?/Wo sind …?	Var är …?	**wahr ehr …?**
Wie viel Uhr ist es?	Vad är klockan?; Hur mycket är klockan?	**wah ehr klockann; hühr mücke ehr klockann?**
heute/morgen/gestern	idag/i morgon/igår	**ihdahg/ih morron/ ihgohr**
Wie viel kostet …?	Hur mycket kostar …?	**hühr mücke koßta …?**
Wo finde ich einen Internetzugang/WLAN?	Var hittar jag tillgång till internet/trådlöst internet?	**wahr hittahr ja tillgong till internet/ trohdlöhst internet?**
gut/schlecht	bra/dåligt	**brah/dohlitt**
offen/geschlossen	öppet/stängt	**öppet/stennkt**
mehr/weniger	mer/mindre	**mehr/minndre**
Fahrplan/Fahrschein	tidtabell/biljett	**tihdtabell/biljett**
Apotheke	apotek	**apohtehk**
Ich habe eine Panne.	Min bil har gått sönder.	**mihn bihl hahr gott ßönnder**
0/1/2/3/4/5/6/7/8/9/ 10/100/1000	noll/ett/två/tre/fyra/ fem/sex/sju/åtta/nio/ tio/hundra/tusen	**noll/ett/twoh/treh/ führa/femm/sex/ schüh/otta/nihju/ tihju/hünndra/tühsenn**

URLAUBS FEELING

ZUM EINSTIMMEN & AUSKLINGEN

LESESTOFF & FILMFUTTER

ASTRID LINDGREN. IHR LEBEN

In dieser Biografie von Jens Andersen lernst du die weltberühmte Kinderbuchautorin näher kennen. Überraschungen garantiert! (2015)

MIDNIGHT SUN

Eine Pariser Polizistin und ein schwedischer Staatsanwalt suchen in der atemberaubend schönen Landschaft Nordschwedens nach einem Mörder. Thriller-Serie in ungewohnter Umgebung. (2016)

DAS MÄDCHEN AUS DEM NORDEN

Einfühlsam schildert der Film am Beispiel der 14-jährigen Elle Marja die Unterdrückung der samischen Bevölkerung und die Suche nach einer eigenen Identität. (2016)

DIE EISHEXE

Die Queen der Schwedenkrimis Camilla Läckberg schickt ganz Fjällbacka und Hauptkommissar Hedström auf die Suche nach einem vermissten Mädchen. (2018)

PLAYLIST SUPERHITS

0:58

ABBA – WATERLOO
Mit diesem Song gelang dem Quartett 1974 der internationale Durchbruch

ROXETTE – IT MUST HAVE BEEN LOVE
Megahit des Pop-Duos, der auch als Soundtrack zum Film "Pretty Woman" diente

AVICII – HEY BROTHER
Emotionale Erinnerung an Tim Bergling alias Avicii

ZARA LARSSON – LOVE ME LAND
Erfolgssong aus „Poster Girl", dem dritten Album der jungen Popikone

SWEDISH HOUSE MAFIA – DON'T YOU WORRY CHILD
Schwedische House Music vom Feinsten

Den Soundtrack zum Urlaub gibt's auf **Spotify** unter **MARCO POLO** Sweden

Oder Code mit Spotify-App scannen

AB INS NETZ

NORRMAGAZINE.DE
Seit 2005 gibt es für Nordenenthusiasten das aufwendig gestaltete Magazin NORR. Sehr viele Artikel findest du auch online.

LAGOM89.WORDPRESS.COM
In ihrem Blog berichtet die „schwedenverrückte" Österreicherin Conny über ihre Liebe zu diesem Land.

SWEDISHDESIGNMUSEUM.COM
Ein rein virtuelles Museum, das schwedisches Design in aller Welt bekannt machen möchte.

ELCHPERSPEKTIVE
Die sehr witzige und informative Seite über die „Dramaqueen des Waldes", erzählt aus der Perspektive eines Elchs (oder einer Elchin). *visitsweden.de/der-elch/*

SCHWEDENSTUBE.DE
Der Klassiker unter den deutschsprachigen Schwedenblogs. Ob Lappland, Sprache oder Jazzszene, zu jedem Thema bloggt eine Schar von Kennern.

TRAVEL PURSUIT

DAS MARCO POLO URLAUBSQUIZ

Weißt du, wie Schweden tickt? Teste hier dein Wissen über die kleinen Geheimnisse und Eigenheiten von Land und Leuten. Die Lösungen findest du in der Fußzeile. Und ganz ausführlich auf den S. 18–23.

❶ Wie viele Elche leben in Schweden?

a) 350 000
b) 100 000
c) 750 000

❷ Die Samen jodeln nicht, doch ist ihr traditioneller Gesang mit dem der Alpenländler verwandt. Wie heißt er?

a) Sapmi
b) Jojki
c) Jojk

❸ Kaffee ist der Schweden Lieblingsgetränk. Wie nennen sie ihre Kaffeepause?

a) Kanelbulle
b) Fika
c) Rast

❹ Made in Sweden – auf welches Unternehmen trifft das nicht zu?

a) Spotify
b) Instagram
c) Skype

❺ Wo musst du hin, wenn du eine Flasche Wein kaufen möchtest?

a) Systembolaget
b) Ikea
c) Turistbyrå

Lösungen: 1a, 2c, 3b, 4b, 5a, 6b, 7b, 8c, 9a, 10b, 11a, 12c

Was weißt du über den König der Wälder?

❻ Schweden haben oft eine dicke Oberlippe. Das liegt am Lutschtabak. Wie heißt er auf Schwedisch?

a) Luts
b) Snus
c) Snask

❼ Welcher Nobelpreis wird nicht in Stockholm verliehen?

a) Literatur
b) Frieden
c) Medizin

❽ Wie heißt die in Schweden beliebte Bezahl-App?

a) Cash
b) Wish
c) Swish

❾ Wie heißt Schwedens nächste Königin?

a) Victoria
b) Madeleine
c) Estelle

❿ Das Jedermannsrecht erlaubt sehr viel. Was ist dennoch verboten?

a) Übernachten am Seeufer
b) Lagerfeuer auf Felsklippen
c) Wohnwagen im Wald aufstellen

⓫ Wie alt war die schwedische Klimaaktivistin Greta Thunberg bei ihrem ersten Sitzstreik in Stockholm?

a) 15 Jahre
b) 16 Jahre
c) 17 Jahre

⓬ In welchem Buch schreibt Astrid Lindgren über den Tod?

a) Die Kinder aus der Krachmacherstraße
b) Madita
c) Die Brüder Löwenherz

REGISTER

Abisko 34
Abisko-Nationalpark 34, **125**
Åhus 64
Ales Stenar 63
Älmhult 66
Alsters Herrgård 92
Altappen 121
Arboga **94**, 143
Åre 35, **115**
Arkeologstigen 135
Arvidsjaur 123
Arvika 90, 91
Åstebo 134
Aurora Sky Station 126
Beateberg 130
Bengtsfors 90
Birka 52
Björkliden 35
Björkö 52
Bjuröklubb 135, 137
Blankhult 93
Blekinge 65
Boda 66
Bohus 134, 135
Bohusleden 132, 133
Bönhamn 138
Booten 130
Boråkra 69
Brandöskär 121
Bureå 136
Byske 136
Byskehavsbad 136
Carl Larsson Gården 107
Dalarna 31, 34, 102, 106, 142
Dalslandkanal 90
Digerberget 93
Djurgården **44**, 46, 49
Drottningholm, Schloss 52
Falkenberg 77
Falsterbo 63
Falun 106
Fårö 68
Fäviken 115
Fjällbacka 83
Fjällnora 99
Fläsian 110
Forsvik 129
Fyrisån 97, 101
Gällivare 31
Gammelstaden 121, **122**
Glasriket (Glasreich) 54, 66
Gnesta 33
Götakanal 94, 131
Göteborg 16, 34, **78**, 94, 133, 135, 140, 141, 142, 143
Gotland 32, 34, 54, 65, **67**
Gränna 96
Grebbestad 83
Grimeton 77
Gripsholm, Schloss 53
Grythyttan 94
Gunnebo-Schloss 133
Gunnebopark 133
Gustavsfors 90
Hablingbo 69
Hajstorp 131
Halland 74
Hallandleden 34
Hallö 83
Hälmaren 32
Halmstad 74
Hälsingehöfe 109
Hammarby 100
Härjedalen 35
Härkeberga 101
Härnösand 111, 138
Håverud 90
Helsingborg 62
Helsingør 62
Hjälmaren 93
Höga Kusten 34, 103, **111**, 138
Höganäs 63
Hornöberget 112
Idrefjället 35
Inlandsbahn (Inlandsbanan) 123
Jokkmokk 31, **127**, 143
Jönköping 33
Jonsered 134
Jukkasjärvi 125
Jungfrauenhafen 137
Kalmar 54, **65**, 66
Karlsborg 129, 132
Karlskoga 92
Karlskrona 54, 64
Karlstad 85, 88
Kåseberga 63
Kåsjön 134
Kebnekaise 17, **127**
Kiruna 17, **124**, 143
Klarälven 88
Klässbol 90
Kluntarna 121
Knipeflågsbergen (Naturschutzgebiet) 134
Köping 94
Köpingsvik 66
Kristineberg 120
Kullaberg 63
Kullen 62
Kungälv 132, 135
Kustlinjen 33
Länsmuseet Gotland 69
Lappland 16, 32, 33, 34, 35, 116, 151
Lilla 134
Lindgren, Astrid 14, 21, 54, 67
Linköping 96
Ljugarn 69
Lövanger 137
Luleå **121**, 127
Lund 54, 61
Lycksele 120
Lysekil 82
Mälaren 32, 53, 100, 101
Malmö 16, 55, **58**, 140
Mårbacka 91
Mariefred 53
Marielund 99
Marstrand 82
Mogetorp 93
Mölle 62
Mora **108**, 143
Motala **94**, 95
Naturreservat Vättlefjäll 134
Naturschutzgebiet Knipeflågsbergen 134
Nikkaluokta 127
Nora 94
Nordingrå 111, 115
Norra Kustvägen 136
Norrköping 96
Norrqvarn 131
Nuolja 126
Ödeshög 96, 101
Öland 34, 54, **65**
Örebro 85, **93**
Öresundbrücke 140, 141
Örnsköldsvik **111**, 112, 138
Orrviken 115
Orsa 109
Österlen 64
Östersund **112**, 143
Partille 134
Piteå **123**, 135
Rapaätno 127
Riksgränsen 35, **126**
Runn 107
Sälen 143
Samen 17, **21**, 152
Sandhammaren 63
Sandhamn 52
Sarek-Nationalpark 127
Schären (Göteborg) 34
Schären (Karlskrona) 64
Schären (Luleå) 121
Schären (Stockholm) 33, 34, **52**
Schloss Drottningholm 52
Schonen (Skåne) 16, 23, 33, 58
Sigtuna 100
Siljan 108
Simlångsdalen 75
Sjötorp 94, 131
Skagsudde 112
Skåne (Schonen) 16, 23, 33, 58
Skanör 63
Skärhamn 82
Skellefteå 136
Skokloster 100
Skuleberget 111
Skuleskogen 111
Småland 54, 67
Smögen 83
Södermanland 34
Söråker Herrgård 138
Sorsele 123
Stensjön 133
Stockholm 16, 34, **38**, 94, 141, 142, 143, 144, 145
Stora Alvaret 65
Stora Delsjö 133
Stora Ramsjö 134
Storsjön 32, 112, 114
Strandskatorna 75
Strängnäs 101
Sundborn 108
Sundsvall **109**, 139
Surte 134
Surtesjön 134
Svartån 93
Tandsbyn 115
Tanum 71, 83
Tåtorp 130
Tjörn 82
Tönnersa Flygsandsfält 74
Töreboda 131
Trelleborg 140
Tulebo 132, 133
Tulebosee 133
Tylösand 74
Ugglarp 78
Umeå **120**, 127, 137
Umeälv 120
Uppland 84
Uppsala 85, **96**, 101, 142
Vaberg 129
Vadstena 95
Vänern 32, 34, 84, 88, 94
Varberg 83
Vårdkasberget 138
Värmland 33, 34, 35, 84, 88
Vättern 32, 84, 94, 95, 96, 130
Vättlefjäll (Naturreservat) 134
Vaxholm 52
Växjö 33, **66**
Vemdalen 35
Viken 130
Vimmerby 67
Vindelälv 121
Vindelälvsdalen 121
Visby **68**, 69, 143
Visingsö 96
Wanderweg Bergslagsleden 93

Wanderweg Bohusleden 132
Wanderweg Frödingleden 89
Wanderweg Högakustenleden 34, 112
Wanderweg Kungsleden 34
Ystad 54, **63**

LOB ODER KRITIK? WIR FREUEN UNS AUF DEINE NACHRICHT!

Trotz gründlicher Recherche schleichen sich manchmal Fehler ein. Wir hoffen, du hast Verständnis, dass der Verlag dafür keine Haftung übernehmen kann.

MARCO POLO Redaktion • MAIRDUMONT • Postfach 31 51
73751 Ostfildern • info@marcopolo.de

Impressum
Titelbild: Ferienhäuschen oberhalb des Nordhafens Norrhamn, Insel Öja, Södermanland, Schweden (Huber-images: Ch. Bäck)
Fotos: K. Bock-Häggmark (155); DuMont Bildarchiv: O. Meinhardt (10, 22/23, 75, 140/141, 146), M. Riehle (9, 11, 82, 143); Huber-images: Bäck (14/15), Ch. Black (98), F. Carovillano (68), Gräfenhain (108); laif: C. Boisvieux (91), M. Gumm (8), J. - B. Meier (54/55), J. - B. Rabouan (97), D. Schwelle (2/3); laif//robertharding: F. Fell (24/25), C. Kober (126); laif/eyevine: D. Levene (67); laif/hemis.fr: B. Rieger (70/71); laif/robertharding: S. Black (62); look-photos (121, E. Fleisher (30/31), F.M. Frei (43), O. Meinhardt (38/39), B. van Dierendonck (150/151); mauritius images: M. Abid (Klappe vorne außen, Klappe vorne innen), Johnér (107, 114, 125), K. Schlierbach (6/7); mauritius images/age (152/153); mauritius images/Alamy (44, 110), A. Blinov (27), Ch. Boisvieux (113), I. Dagnall (80, 92), Ch. Ehlers (Klappe hinten), P Forsberg (49), J. Gustafsson (95), A. Hammond (50), I. Magnusson (61), H. Maunder (128//129, 131), Rolf_52 (136/137), M. Swärd (19), A. Tukler (89), M. Utterström (133); mauritius images/Alamy/Johner Images (12/13, 32/33); mauritius images/Alamy/Johnér Images (139); mauritius images/AlamyScandphoto (100); mauritius images/Arctic- Images (116/117); mauritius images/foodcollection: K. Katarzyna (28); mauritius images/imagebroker (65, 84/85, 102/103), T. Krämer (34/35), O. Krüger (20); mauritius images/Prisma: R. E. Kunz (122); mauritius images/Westend61 (26/27); C. Nowak (76); picture alliance: A. Farnsworth (47)

18., aktualisierte Auflage 2023

Autoren: Karin Bock-Häggmark, Clemens Bomsdorf
Redaktion: Petra Klose
Bildredaktion: Barbara Mehrl
Kartografie: © MAIRDUMONT, Ostfildern (S. 36–37, 130, 134, 138–139, Umschlag außen, Faltkarte); © MAIRDUMONT, Ostfildern, unter Verwendung von Kartendaten von OpenStreetMap, Lizenz CC-BY-SA 2.0 (S. 40–41, 53, 56–57, 59, 72–73, 79, 86–87, 104–105, 118–119)
Als touristischer Verlag stellen wir bei den Karten nur den De-facto-Stand dar. Dieser kann von der völkerrechtlichen Lage abweichen und ist völlig wertungsfrei.
Gestaltung Cover, Umschlag und Faltkartencover: bilekjaeger_Kreativagentur mit Zukunftswerkstatt, Stuttgart; Gestaltung Innenlayout: Langenstein Communication GmbH, Ludwigsburg
Spickzettel: in Zusammenarbeit mit PONS Langenscheidt GmbH, Stuttgart
Texte hintere Umschlagklappe: Lucia Rojas
Konzept Coverlines: Jutta Metzler, bessere-texte.de

Printed in China

FSC www.fsc.org
MIX
Papier aus verantwortungsvollen Quellen
FSC® C124385

MARCO POLO AUTORIN
KARIN BOCK-HÄGGMARK

Die Journalistin und Historikerin verschlug es vor mehr als 20 Jahren der Liebe wegen nach Schweden. Sie mag den Kontrast zwischen Stress pur im Stockholmer Alltag und Ruhe pur in der Natur. Mit der sprichwörtlichen Beherrschtheit der Schweden kämpft die gebürtige Münchnerin hingegen noch immer. Als geprüfte Stadtführerin zeigt sie Touristen Stockholm *(schwedeninfo.se)*.

BLOSS NICHT!

FETTNÄPFCHEN UND REINFÄLLE VERMEIDEN

QUENGELN

Schweden sind von ausgesuchter Höflichkeit. Ärgerst du dich über schlechten Service oder den verspäteten Bus, dann am besten nicht lauthals. Probier es mit unerschütterlicher Freundlichkeit! Das hilft. Garantiert.

RASEN

Auf Autobahnen und Landstraßen gelten Tempolimits. Den Schweden ist's recht. Also lieber entspannen und auch nicht die Lichthupe bedienen, wenn vor dir jemand – was oft passiert – die linke Spur blockiert.

DIE WOHNUNG MIT SCHUHEN BETRETEN

Der Dreck bleibt draußen. Schweden ziehen sich ganz reflexmäßig beim Betreten einer Wohnung die Schuhe aus und stellen sie neben die Eingangstür. Die feinen (und sauberen) Schuhe für drinnen haben sie in einer Plastiktüte dabei. Im Sommer barfuß in der Wohnung herumzulaufen ist natürlich vollkommen o.k.!

DRÄNGELN

Wer glaubt, die Briten seien Weltmeister im Schlangestehen, der war noch nie in Schweden. Hier wird nicht gedrängelt und geschubst. Man stellt sich brav in die Schlange – möglichst mit gehörigem Abstand zu Vordermann oder -frau.

ELCHSCHILDER ABMONTIEREN

Ein Zusammenstoß von Elch und Auto endet nämlich oft tödlich – nicht nur für den Elch! Elchschilder mögen zwar ein cooles Souvenir sein, doch sie können auch Leben retten. Daher: Lieber ein Elchschild im Souvenirladen kaufen!